Vom Nischentrend zum Lebensstil

Katharina Klug

Vom Nischentrend zum Lebensstil

Der Einfluss des Lebensgefühls auf das Konsumentenverhalten

Springer Gabler

Katharina Klug
Hochschule Fresenius (School
of Design, AMD)
München, Deutschland

Ergänzendes Material zu diesem Buch finden Sie auf http://extras.springer.com.

ISBN 978-3-658-21109-7   ISBN 978-3-658-21110-3 (eBook)
https://doi.org/10.1007/978-3-658-21110-3

Die Deutsche Nationalbibliothek verzeichnet diese Publikation in der Deutschen Nationalbibliografie; detaillierte bibliografische Daten sind im Internet über http://dnb.d-nb.de abrufbar.

Springer Gabler
© Springer Fachmedien Wiesbaden GmbH, ein Teil von Springer Nature 2018
Das Werk einschließlich aller seiner Teile ist urheberrechtlich geschützt. Jede Verwertung, die nicht ausdrücklich vom Urheberrechtsgesetz zugelassen ist, bedarf der vorherigen Zustimmung des Verlags. Das gilt insbesondere für Vervielfältigungen, Bearbeitungen, Übersetzungen, Mikroverfilmungen und die Einspeicherung und Verarbeitung in elektronischen Systemen.
Die Wiedergabe von Gebrauchsnamen, Handelsnamen, Warenbezeichnungen usw. in diesem Werk berechtigt auch ohne besondere Kennzeichnung nicht zu der Annahme, dass solche Namen im Sinne der Warenzeichen- und Markenschutz-Gesetzgebung als frei zu betrachten wären und daher von jedermann benutzt werden dürften.
Der Verlag, die Autoren und die Herausgeber gehen davon aus, dass die Angaben und Informationen in diesem Werk zum Zeitpunkt der Veröffentlichung vollständig und korrekt sind. Weder der Verlag noch die Autoren oder die Herausgeber übernehmen, ausdrücklich oder implizit, Gewähr für den Inhalt des Werkes, etwaige Fehler oder Äußerungen. Der Verlag bleibt im Hinblick auf geografische Zuordnungen und Gebietsbezeichnungen in veröffentlichten Karten und Institutionsadressen neutral.

Springer Gabler ist ein Imprint der eingetragenen Gesellschaft Springer Fachmedien Wiesbaden GmbH und ist ein Teil von Springer Nature
Die Anschrift der Gesellschaft ist: Abraham-Lincoln-Str. 46, 65189 Wiesbaden, Germany

Geleitwort

Unser Konsum ist ein Spiegel gesellschaftlicher Lebensstile. In der Art und Weise, wie Menschen Dienstleistungen in Anspruch nehmen und Produkte nutzen, lassen sich wie auf einer Bühne unterschiedliche soziale, kulturelle und moralische Lebensstile studieren. Diese Lebensstile sind für Unternehmen wichtig, die ihre Zielgruppen erreichen wollen, aber auch für Verbraucher, die wissen möchten, zu welcher Konsumentengruppe sie gehören. Katharina Klug untersucht in ihrem Buch den Zusammenhang von Lebensstilen und Konsumpraktiken. Sie zeigt, dass sich unsere Konsumweisen in den letzten Jahren erheblich gewandelt haben. In Erweiterung der anerkannten Sinus-Milieus lassen sich neue Lebensstile beobachten, die vom Cocooning und dem Neo-Nomadismus über den Minimalismus und das Slow Living bis zum Free- und Precycling reichen. Diese Lebensstile führen zwar teilweise noch ein Nischendasein, sie sind aber auf dem Weg, unsere Konsumgewohnheiten nachdrücklich zu verändern. Diese Veränderungen bestehen etwa in der Bestellung von immer mehr Waren per Internet, dem mobilen Zugriff auf Informationen, dem Leben mit weniger Möbeln und Kleidung, dem Einkauf regionaler Erzeugnisse, dem Teilen von Autos und Bohrmaschinen oder der Vermeidung von Müll und Abfall.

Die Welt des Konsums ist zu Beginn des 21. Jahrhunderts gesundheitsbewusster, kollaborativer, moralischer und nachhaltiger geworden. In einer klaren Sprache, mit übersichtlichen Tabellen und informativen Schaubildern hat Katharina Klug ein überaus hilfreiches Buch über diese Entwicklung geschrieben, das sich als Ratgeber für ein erfolgreiches Marketing und als Kompass für orientierungsbedürftige Verbraucher eignet. Es nimmt wichtige Trends vorweg, die in

Zukunft verstärkt sowohl auf Firmen als auch auf ihre Kunden zukommen werden. Ich bin mir sicher, dass das Buch den Erfolg haben wird, den es aufgrund seiner Ausrichtung auf diese beiden Zielgruppen verdient.

Prof. Dr. Ludger Heidbrink
Universität Kiel

Vorwort

Wie beeinflusst unser Lebensstil unser Konsumverhalten und umgekehrt; was sagt unser Konsumstil über unseren Lebenswandel aus? Nicht nur einzelne Konsumenten, sondern auch Unternehmen stellen solche oder ähnliche Fragen immer häufiger. Zahlreiche Veröffentlichungen zeigen, dass insbesondere in Zeiten des massiven Konsums – wie wir ihn derzeit in der sogenannten „Konsumgesellschaft" erleben – Lebensstile hinterfragt und Konsumverhalten nicht unkritisch diskutiert werden. Trentmann verdeutlicht in seinem 2017 erschienenen Werk „Die Herrschaft der Dinge: Die Geschichte des Konsums vom 15. Jahrhundert bis heute", dass sich der Konsumbegriff und damit verbundene Lebensstile im Zeitverlauf fortwährend verändern. Das Zukunftsinstitut (www.zukunftsinstitut.de) widmet sich verstärkt dem Thema Zielgruppensegmentierung mithilfe von Lebensstilen und belegt damit, dass Kenntnisse über aktuelle Konsumtrends für Unternehmen entscheidend sind, um Zielgruppen besser ansprechen und Produkt- und Serviceentwicklung darauf abstimmen zu können. Es freut mich außerordentlich, dass sich derzeit so viele Institutionen, Unternehmen und Personen immer intensiver mit Lebens- und Konsumkonzepten auseinandersetzen, sie klassifizieren, systematisieren und analysieren. Denn nur auf diese Weise lassen sich unsere Lebensweisen besser verstehen und künftige Entwicklungen prognostizieren.

Während manche unkonventionellen Verhaltensweisen von Konsumenten unbeachtet bleiben, entwickeln sich andere zu Konsumbewegungen mit großer Anhängerschaft. Da solche Bewegungen einen maßgeblichen Einfluss auf das Konsumverhalten ausüben, lohnt es sowohl für den einzelnen Konsumenten als auch für Unternehmen, diesen Lebensstilen frühzeitig Beachtung zu schenken. Das vorliegende Buch greift alternative, unkonventionelle Lebensweisen beispielhaft auf und beleuchtet die Lebensstile Cocooning, Neo-Nomadismus, Minimalismus, Slow Living, Freecycling und Precycling erstmals übergreifend. Aufbauend auf den grundlegenden Motivationen und

Verhaltensweisen demonstriert das Buch diese Lebensweisen und leitet daraus Konsequenzen für Unternehmen sowie konkrete Handlungsempfehlungen für die Marketing-Praxis ab. Das Buch bietet anwendungsbezogene Einblicke in unkonventionelle Lebensstile, indem es wissenschaftlich fundierte Erkenntnisse und Best-Practice-Beispielen gezielt miteinander verbindet.

Die einzelnen Kapitel des Buches folgen einer übersichtlichen Struktur beginnend mit einer kurzen thematischen Einführung, um dem Leser einen schnellen Überblick zu gewähren. Für den Querleser sind die wichtigsten Aspekte in Checkboxen, Merksätzen und Zusatzinformationen hervorgehoben. Für den Intensivleser werden relevante Hintergrundinformationen sowie weiterführende Literatur bereitgestellt. Am Ende fasst eine „In-a-Nutshell"-Übersicht die wichtigsten Punkte jedes Kapitels noch einmal kurz zusammen.

Das **Kapitel eins** fungiert als Einstieg und Überblick. Es zeigt die Relevanz von Lebensstilen im Wandel des Konsumverhaltens auf und skizziert die sechs Lebensstile Cocooning, Neo-Nomadismus, Minimalismus, Slow-Living, Precycling und Freecycling. Die **Kapitel zwei bis sieben** widmen sich jeweils vertiefend diesen Lebensstilen. Dabei beginnt jedes Kapitel mit einer prägnanten thematischen Einführung sowie einer kurzen Betrachtung der Ausgangssituation gefolgt von der Beschreibung des Entwicklungsprozesses vom Nischentrend zum Lebensstil und dem Aufzeigen grundlegender Verhaltensmotive. Schließlich werden die Auswirkungen des Lebensstils für Unternehmen aufgezeigt und Handlungsoptionen in Form konkreter Strategien und Maßnahmen gegeben. Das **Kapitel acht** bildet eine Zusammenführung der betrachteten Lebensstile und zeigt verbindende Elemente zwischen ihnen auf. Aus dieser übergeordneten Perspektive ist erkennbar, welches Lebensgefühl den Lebensstilen zugrunde liegt und welche Potenziale sich daraus ergeben können. Den Abschluss des Buches bildet **Kapitel neun** in Form eines Lifestyle-Quick-Checks, mit dessen Hilfe der Leser persönliche Tendenzen in der eigenen Lebensweise reflektieren kann. Ferner ist der Test auf Unternehmensebene als Instrument zur Zielgruppenidentifikation einsetzbar. Entsprechendes Zusatzmaterial zum Buch steht zum Download auf der Website von Springer (www.springer.com/de/book/9783658211097) zur Verfügung.

Mein Ziel ist es, mit dem Buch neben der Information auch eine **Inspiration** zu bieten; für uns **Konsumenten,** den eigenen Lebensstil zu hinterfragen und weiterzuentwickeln; für **Unternehmen,** zu erforschen, was ihre (potenziellen) Kunden bewegt und um geeignete Angebote zu schaffen; für **Lernende und Lehrende** an Hochschulen, sich inhaltlich stärker mit unkonventionellen Lebensstilen auseinanderzusetzen und deren individuelle und gesellschaftliche Folgen zu diskutieren; und nicht zuletzt für **Wissenschaftler,** sich künftigen Konsumentenbewegungen tiefgründig und interdisziplinär zu widmen, beispielsweise um geeignete Prognose- und Messinstrumente zu entwickeln.

Dieses Buch greift sechs alternative, unkonventionelle Lebensstile auf. Damit werden aktuelle Nischentrends abgedeckt, die als ein möglicher Anfang verstanden werden dürfen, sich mit dem Thema ungewöhnlicher Lebensstile zu befassen. Wenn es so viele neue Lebensweisen gibt, dann gibt es auch ein angemessenes Format, darüber zu schreiben. In dieser Hinsicht habe ich Angela Meffert, meiner Lektorin von Springer Gabler, zu danken, die für neue Konzepte nicht nur ein offenes Ohr, sondern stets auch ein passendes Publikationsformat findet. **Mein Dank** gilt insbesondere Christiane Schweda, Jasmin Schneider und Louisa Klementz, die mich mit ihrem Feedback und ihrer gewissenhaften Arbeitsweise dabei unterstützten, das Buch druckreif zu machen. Hinzufügen möchte ich meinen persönlichen Dank an Marcus Mattes für die zahlreichen inspirierenden Gespräche über künftige Entwicklungen. Mit seinem unschätzbaren Gespür für (Mode-)Trends ist es mir stets eine Freude, seinen Standpunkt gehört zu haben. Mehr als nur danken möchte ich meiner Familie. Sie ist wesentlich bei allem, was ich tat, und wird für all das entscheidend sein, was ich noch zu erreichen hoffe.

Viel Freude beim Lesen wünscht Ihnen

München
im März 2018

Katharina Klug
katharina.klug@mail.de

Inhaltsverzeichnis

1 **Reason Why: Wie Lebensstile das Verhalten von Konsumenten beeinflussen** 1
   1.1 Konsumverhalten im Wandel 1
   1.2 Lebensstile im Überblick 2
   Literatur 6

2 **Cocooning: Unser Zuhause als digitales Lifestyle-Drehkreuz** 7
   2.1 Zunehmender Rückzug ins Private 8
   2.2 Cocooning Consumption: Konsum aus dem Kokon heraus 8
   2.3 Konsequenzen des selbstbestimmten Konsums für Unternehmen 11
   Literatur 15

3 **Neo-Nomadismus: Digital – multilingual – global** 17
   3.1 Stetiges Reisen im digitalen Unternehmertum 18
   3.2 Neue Nomaden: Überall und jederzeit konsumieren 19
   3.3 Konsequenzen des multiplen Konsums für Unternehmen 22
   Literatur 25

4 **Minimalismus: Wenn weniger mehr wird** 27
   4.1 Freiwillige Konsumreduktion ohne Verzichtgedanke 28
   4.2 Minimal und einfach: Nur Wesentliches konsumieren 29
   4.3 Konsequenzen des bewussten Konsums für Unternehmen ... 31
   Literatur 34

5	**Slow Living: Schluss mit High-Speed**	37
	5.1 Mehr Langsamkeit im Alltag	38
	5.2 Slow: Entschleunigt konsumieren und achtsam genießen	39
	5.3 Konsequenzen des entschleunigten Konsums für Unternehmen	41
	Literatur	46
6	**Freecycling: Geschenke unter Fremden**	49
	6.1 Fortwährende Weitergabe materieller Güter	50
	6.2 Freecycling: Recycling auf freiwilliger Basis	50
	6.3 Konsequenzen des kollaborativen Konsums für Unternehmen	53
	Literatur	56
7	**Precycling: Bevor Müll entsteht**	59
	7.1 Konsequentes Vermeiden von Müll	60
	7.2 Zero Waste: Unverpackt konsumieren	62
	7.3 Konsequenzen des rückstandslosen Konsums für Unternehmen	64
	Literatur	67
8	**Conclusio: Vom Lebensgefühl zum Lebensstil**	69
	8.1 Einordnung der Lebensstile	69
	8.2 Lebensgefühl als Grundprinzip eines Lebensstils	73
	8.3 Verbindende Elemente zwischen Lebensstilen	75
	8.4 Auswirkung der Lebensstile auf Lebensbereiche	83
	Literatur	86
9	**Additional: Lifestyle-Test**	87
	9.1 Lebensstile im Quick-Check	88
	9.2 Auswertung: Decodierung des Quick-Checks	89

Abbildungsverzeichnis

Abb. 1.1	Einfluss unkonventioneller Lebensstile auf das Konsumverhalten	4
Abb. 1.2	Reason Why – In a Nutshell	5
Abb. 2.1	Impression Cocooning	7
Abb. 2.2	Charakteristika des Cocoonings	9
Abb. 2.3	Klassifikation potenzieller Cocooner	12
Abb. 2.4	Beispielhafte Ansätze zur Ansprache von Cocoonern	13
Abb. 2.5	Cocooning – In a Nutshell	14
Abb. 3.1	Impression Neo-Nomadismus	17
Abb. 3.2	Charakteristika des Neo-Nomadismus	20
Abb. 3.3	Drei Balance-Ebenen für Neo-Nomaden	22
Abb. 3.4	Beispielhafte Ansätze zur Unterstützung von Neo-Nomaden	23
Abb. 3.5	Neo-Nomadismus – In a Nutshell	25
Abb. 4.1	Impression Minimalismus	27
Abb. 4.2	Charakteristika des Minimalismus	29
Abb. 4.3	Ausprägungen des Minimalismus	30
Abb. 4.4	Beispielhafte Umsetzung minimalistischer Werte im Unternehmen	32
Abb. 4.5	Minimalismus – In a Nutshell	34
Abb. 5.1	Impression Slow Living	37
Abb. 5.2	Vom Fast Food zum Slow Living	39
Abb. 5.3	Charakteristika des Slow Livings	40
Abb. 5.4	Beispielhafte Slow-Ansätze verschiedener Branchen	42
Abb. 5.5	Slow-Ansätze im privaten und beruflichen Kontext	44

Abb. 5.6	Slow Living – In a Nutshell	46
Abb. 6.1	Impression Freecycling	49
Abb. 6.2	Charakteristika des Freecyclings	51
Abb. 6.3	Formen der Reziprozität	53
Abb. 6.4	Konzept der Corporate Givebox	54
Abb. 6.5	Freecycling – In a Nutshell	55
Abb. 7.1	Impression Precycling	59
Abb. 7.2	Unverpackt-Läden in Deutschland	61
Abb. 7.3	Charakteristika des Precyclings	63
Abb. 7.4	Umsetzungsstufen des Precyclings für Unternehmen	65
Abb. 7.5	Precycling – In a Nutshell	67
Abb. 8.1	Einordnung der Lebensstile nach Orientierungsparametern	70
Abb. 8.2	Lebensgefühle auf Basis von Orientierungsparametern	74
Abb. 8.3	Independence Cube – Lebensgefühl Unabhängigkeit	76
Abb. 8.4	Meaningfulness Cube – Lebensgefühl Sinnhaftigkeit	77
Abb. 8.5	Sustainability Cube – Lebensgefühl Nachhaltigkeit	78
Abb. 8.6	Lebensgefühl als stark verbindendes Element zwischen Lebensstilen	79
Abb. 8.7	Verbindende Elemente zwischen Lebensstilen im Detail	80
Abb. 8.8	Verbindende Elemente zwischen Lebensstilen im Überblick	82
Abb. 8.9	Vom Lebensstil betroffene Lebensbereiche	84
Abb. 8.10	Lebensstile – In a Nutshell	85
Abb. 9.1	Quick-Check Lebensstile – Teil 1	88
Abb. 9.2	Quick-Check Lebensstile – Teil 2	89
Abb. 9.3	Auswertungsschema Quick-Check Lebensstile – Teil 1	90
Abb. 9.4	Auswertungsschema Quick-Check Lebensstile – Teil 2	91
Abb. 9.5	Auswertungsschema Quick-Check Lebensstile – Gesamtüberblick	92

Reason Why: Wie Lebensstile das Verhalten von Konsumenten beeinflussen

1

Die Gesellschaft verändert sich, wir verändern uns, unser Verhalten verändert sich – fortwährend und stetig. Veränderte Rahmenbedingungen, Wertvorstellungen sowie das Stoßen an (eigene) Grenzen sorgen dafür, dass Menschen sich bewusst oder unbewusst für einen Lebensstil entscheiden oder ihre bisherige Lebensweise konsequenter fortführen. Konsumenten treffen Entscheidungen auf Basis von Wertvorstellungen. Mit ihrem Lebensstil äußern sich diese inneren Zustände in Form von (Konsum-)Verhalten. Alternative, unkonventionelle Lebenskonzepte wie **Cocooning, Neo-Nomadismus, Minimalismus, Slow Living, Precycling** und **Freecycling** finden dabei immer mehr Beachtung. Um effiziente Unternehmensentscheidungen treffen zu können, ist es für Unternehmen essentiell, grundlegende Handlungs- bzw. Konsummotive hinter diesen Lebensstilen zu erkennen, zu analysieren und zu antizipieren.

1.1 Konsumverhalten im Wandel

Es besteht kein Zweifel daran, dass die Welt sich in einem kontinuierlichen Veränderungsprozess befindet. Dies macht es scheinbar unmöglich, künftiges Verhalten zu prognostizieren. Der Blick auf den gesellschaftlichen Wandel hilft jedoch dabei, Verhaltensweisen von Konsumenten besser verstehen und erklären zu können sowie ihre grundlegenden (und damit ggf. auch künftigen) Bedürfnisse zielgerichtet zu erkennen. Sogenannte Megatrends – beispielsweise vom Zukunftsinstitut oder z-Punkt diagnostiziert – spiegeln technische und gesellschaftliche Veränderungen wider und wirken sich auf das Verhalten von Konsumenten aus.

Auf technischer Ebene haben die **Digitalisierung** und zunehmende Technisierung Einfluss darauf, wie Menschen einkaufen, ihre Freizeit verbringen und wie sie arbeiten (Pagel 2017; Gadatsch 2016). Insbesondere die zunehmende Nutzung des mobilen Internets und die wachsende Bedeutung **sozialer Medien** verändern das Verhalten von Konsumenten. Rasante technische Entwicklungen sorgen dafür, dass Themen wie digitale Verbundenheit und weltweite Mobilität heute selbstverständlicher sind als noch vor einigen Jahren.

Auf gesellschaftlicher Ebene ist ein **Wertewandel** erkennbar, wodurch die Relevanz materieller Güter zugunsten immaterieller Werte wie individuelles Wohlbefinden und Lebensqualität immer weiter abnimmt. Diese manifestieren sich beispielsweise in gesteigertem **Gesundheits-** und **Umweltbewusstsein** (Hoffmann und Akbar 2016). Demnach widmen sich mehr und mehr Menschen dem Erhalt ihrer eigenen Gesundheit, indem sie auf ihre Ernährung achten und Stressoren in ihrem Alltag ausgleichen. Nicht zuletzt der **demografische Wandel** und das damit einhergehende steigende Durchschnittsalter der Bevölkerung verstärkt diese Entwicklung. Das gestiegene Bewusstsein für Aspekte der Umwelt zeigt sich in der zunehmenden Ablehnung umweltschädlicher Angebote sowie einer wachsenden Ausrichtung auf Wiederverwertung. Schließlich kann auch eine Konsumreduktion oder gezielter Konsumverzicht (Anti-Konsum) Ausdruck einer starken Umweltorientierung sein (Balderjahn 2013). Denn immer mehr Menschen verzichten bewusst auf Konsumgüter, die negative Auswirkungen auf die Umwelt haben (Seegebarth et al. 2016).

Die postmaterialistische Orientierung führt dazu, dass sich Konsumenten stärker ihrer Verantwortung (Consumer Social Responsibility, z. B. Devinney et al. 2006) bewusst werden. Sie erkennen ihre Einflussmöglichkeiten (Consumer Power, z. B. Rezabakhsh et al. 2006) und berücksichtigen ethische, nachhaltige sowie soziale Kriterien gezielt in ihrer Konsumentscheidung und antizipieren sowohl den Eigen- als auch den Gemeinsinn (Balderjahn 2013). Vertretend für das neue Bewusstsein der Konsumenten stehen sogenannte **Grassroot**-Bewegungen; Konzepte, bei denen Lösungen für eine nachhaltige Entwicklung aus der Gruppe der Konsumenten heraus entstehen (Martin und Upham 2016).

1.2 Lebensstile im Überblick

Ein **Lebensstil** (engl. Lifestyle) ist Ausdruck von Persönlichkeit und Wertvorstellungen einer Person durch deren Verhaltensweise (Lüdtke 1989). Unser Lebensstil zeigt, wer wir sind bzw. wer wir sein wollen und wie andere Personen uns sehen (sollen) (Trentmann 2016). Durch ihren Lebensstil demonstrieren Menschen ihre inneren Zustände im äußeren (Konsum-)Verhalten (Holt 1997; Hoyer et al. 2012). Lebensstile offenbaren, was einer Person wichtig ist und worin sie Zeit und Geld investiert. Sie veranschaulichen, welche Aktivitäten, welche Interessen und welche Meinungen

1.2 Lebensstile im Überblick

für eine Person bedeutsam sind (Plummer 1974; Wells und Tigert 1971). Anders als Generationskonzepte (z. B. Baby Boomer, Generations X, Y und Z), die Wertvorstellungen anhand verschiedener Altersgruppen (Geburtsjahrgänge) manifestieren (z. B. Belch und Belch 2011; Scholz 2014), können Lebensstile generationsübergreifend sein, wenngleich es häufig Korrelate mit soziodemografischen Merkmalen (z. B. Alter) gibt.

Lebensstile haben Einfluss auf unser Privat- und Arbeitsleben, Familien- und Freizeitleben. Deshalb werden Konsumtrends und Lebensstile in der Unternehmenspraxis immer relevanter, um **Zielgruppen** besser verstehen, ansprechen und die Produkt- und Serviceentwicklung auf ihre Bedürfnisse abstimmen zu können. Alternative, unkonventionelle Verhaltensweisen von Subkulturen, die von bestehenden gesellschaftlichen Normen abweichen (Müller und Gelbrich 2015), sind für Unternehmen jedoch nur dann wirtschaftlich relevant, wenn sie eine hinreichend große Menge an Personen umfassen. Während manche alternative Verhaltensweisen von der Mehrheit der Konsumenten unbeachtet bleiben, entwickeln sich andere zu Konsumentenbewegungen (Consumer Movements) mit großer Anhängerschaft. Da solche Bewegungen einen maßgeblichen Einfluss auf das Konsumverhalten ausüben, lohnt es sich für Unternehmen, diesen Lebensstilen frühzeitig Beachtung zu schenken. In den vergangenen Jahren entwickelten sich insbesondere Cocooning, Neo-Nomadismus, Minimalismus, Slow Living, Freecycling und Precycling von Nischentrends zu ernst zu nehmenden Lebensstilen, denen mehr und mehr Menschen folgen. Aber woran orientieren sich Cocooner? Wie kaufen Neo-Nomaden ein? Was treibt Minimalisten an? Warum breitet sich Slow Living so rasant aus? Und was unterscheidet einen Freecycler von einem Precycler? Diesen Fragen gilt es, auf den Grund zu gehen, um die unkonventionellen Lebensstile einordnen und einschätzen zu können. Abb. 1.1 zeigt die sechs Lebensstile im Überblick und verdeutlicht deren jeweilige Grundhaltung.

Cocooner treffen ihre Konsumentscheidungen daheim, um auf diese Weise ihre Bedürfnisse nach Sicherheit und nach Wohlbefinden zu befriedigen. Aus Konsumentensicht ermöglicht Cocooning einen zeitlich und räumlich unabhängigen Konsum. Aus Unternehmenssicht birgt Cocooning Potenzial für die Entwicklung hochwertiger Produkte für den Privatgebrauch sowie für die Implementierung (zeitsparender) Services (Kap. 2). Zentraler Ansatz der **Neo-Nomaden** ist die Verknüpfung von Reisen und Arbeiten. Neo-Nomaden lassen sich anhand von vier Charakteristika beschreiben: Mobilität & Unabhängigkeit sowie Vernetzung & Unternehmergeist. Für Unternehmen sind Neo-Nomaden aus zweierlei Hinsicht relevant; als potenzielle (freie) Mitarbeiter und als Zielgruppe für Produkte und Services (Kap. 3). **Minimalisten** reduzieren ihren materiellen Konsum ohne wirtschaftliche Notwendigkeit und treffen ihre Kaufentscheidung sehr

Lebensstil					
Cocooning	Neo-Nomadismus	Minimalismus	Slow Living	Free-cycling	Pre-cycling
Rückzug ins Private	Reisendes Unternehmertum	Freiwillige (Konsum-)Reduktion	Langsamkeit im Alltag	Weitergabe materieller Güter	Vermeidung von Müll
Kap. 2	Kap. 3	Kap. 4	Kap. 5	Kap. 6	Kap. 7

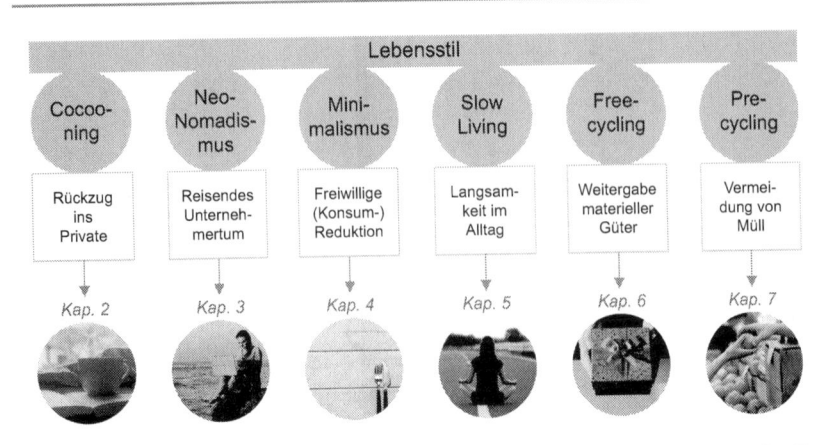

Abb. 1.1 Einfluss unkonventioneller Lebensstile auf das Konsumverhalten. (Quelle: eigene Darstellung unter Verwendung von Bildmaterial von Pexels.com)

bewusst. Einfachheit & Reduktion sowie Nachhaltigkeit & Langlebigkeit sind die zentralen Aspekte eines minimalistischen Lebensstils. Für Unternehmen sind Minimalisten eine zunehmend interessante Zielgruppe, um sinnstiftende Produkte und Services zu positionieren (Kap. 4). Slow Living ist nicht die Slowmotion-Version des modernen Lebens, sondern die bewusste Integration der Langsamkeit in den Alltag. **Slow-Living-Anhänger** fokussieren sich auf drei zentrale Aspekte: Balance (i. S. v. Ausgleich), Ehrlichkeit (i. S. v. Tiefe) und Verbundenheit (i. S. v. Solidarität). Für Unternehmen ergeben sich aus dem Slow-Lebensstil zwei zentrale Implikationen: entschleunigte Produkte und Services anzubieten und beruhigende Kundenerlebnisse zu schaffen (Kap. 5). **Freecycler** machen fremden Personen Geschenke, ohne dafür eine Gegenleistung zu erwarten. Die Beweggründe des Freecyclings lassen sich anhand von vier Aspekten systematisieren: entrümpeln & anderen helfen (Altruismus) sowie Geld sparen & die Umwelt schonen. Freecycler erleben eine intensive Gruppenidentität und gegenseitige Solidarität, die sich auch unternehmensseitig nutzen lässt (Kap. 6). **Precycler** treffen ihre Konsumentscheidungen maßgeblich danach, wie rückstandslos sich ihr Kauf gestaltet. Precycling zeigt sich in verschiedenen Ausprägungen: Reduktion von überflüssigem Müll bzw. konsequente Vermeidung von (Verpackungs-)Müll beim Einkauf und die eigene Herstellung von (naturbelassenen) Produkten. Für Unternehmen lässt sich die Zielgruppe der Precycler direkt über entsprechende Verkaufsargumente oder Geschäftsmodelle erreichen oder indirekt über eine Precycling-Unternehmensphilosophie ansprechen (Kap. 7).

1.2 Lebensstile im Überblick

> **Essenz & Take-Home-Message**
>
> Konsumenten reflektieren bestehende Lebens- und Konsumkonzepte zunehmend und erkennen ihre Einflussmöglichkeiten auf das Wirtschaftsgeschehen (Devinney et al. 2006). **Konsumentenbewegungen,** die alternative, unkonventionelle Konzepte anbieten, finden dabei immer mehr Beachtung. Solche Konzepte beeinflussen indes das Verhalten der Konsumenten, weswegen Unternehmen ihre grundlegenden Handlungs- und Konsummotive erkennen, analysieren und nachvollziehen sollten. Das neue Konsumverständnis lässt sich anhand von sechs Lebensstilen veranschaulichen, deren Entwicklung als Nischentrend begann und unterdessen als relevante Lebenshaltung spürbare Konsequenzen auf Konsumentenbedürfnisse hat (Abb. 1.2).

Die folgenden Kapitel widmen sich jeweils vertiefend den sechs Lebensstilen (Cocooning, Neo-Nomadismus, Minimalismus, Slow Living, Precycling und Freecycling). Dabei beginnt jedes Kapitel mit einer anwendungsorientierten Betrachtung der Ausgangssituation, gefolgt von der Beschreibung des Entwicklungsprozesses vom Nischentrend zum Lebensstil und dem Aufzeigen grundlegender Verhaltensmotive. Schließlich werden die Konsequenzen des

Status quo	(Unkonventionelle) Lebensstile beeinflussen Konsumverhalten
– Konsumenten nehmen zunehmend eine kritische bzw. reflektierende Haltung gegenüber gegebenen Lebens- und Konsumpositionen ein	
– Konsumentenbewegungen (Consumer Movements), die alternative, unkonventionelle Lebenskonzepte anbieten, finden zunehmend Beachtung	
Challenge	Geänderte (Konsumenten-)Bedürfnisse verstehen
– Hintergründe geänderter Handlungs- und Konsummotive erkennen, analysieren und nachvollziehen	
– (Konsumverhaltens-)Wandel als kontinuierliche Entwicklung begreifen und durch Konzeption & Umsetzung „geeigneter" Produkte/Services/ (Kauf-) Erlebnisse mitgestalten	
To-do	Geänderte (Konsumenten-)Bedürfnisse befriedigen
– Cocooner	→ (private) Rückzugsmöglichkeiten bieten
– Neo-Nomaden	→ individuelle Vernetzung schaffen
– Minimalisten	→ bewusste Reduktion fördern
– Slow-Living-Anhänger	→ Entschleunigung etablieren
– Freecycler	→ (Waren-)Austausch ermöglichen
– Precycler	→ (Verpackungs-)Müllreduktion erreichen

Abb. 1.2 Reason Why – In a Nutshell. (Quelle: eigene Darstellung)

Lebensstils für Unternehmen aufgezeigt und Implikationen in Form konkreter Handlungsempfehlungen gegeben. Jedes Kapitel schließt mit einem kurzen Resümee und gibt in einer checklistenbasierten Zusammenfassung die zentralen Aspekte des Kapitels wieder. Den Abschluss des Buches bildet eine Zusammenführung der betrachteten Lebensstile, die verbindende Elemente zwischen den Lebensweisen aufzeigt. Aus dieser übergeordneten Perspektive ist erkennbar, welches **Lebensgefühl** den Lebensstilen zugrunde liegt.

Literatur

Balderjahn, I. (2013). *Nachhaltiges Management und Konsumentenverhalten*. München: UTB.
Belch, G., & Belch, M. (2011). *Advertising and promotion* (9. Aufl.). New York: McGraw-Hill.
Devinney, T. M., Auger, P., & Eckhardt, G. M. (2006). The other CSR: Consumer social responsibility. *Stanford Social Innovation Review, 4*(3), 30–37.
Gadatsch, A. (2016). Einfluss der Digitalisierung auf die Zukunft der Arbeit. In A. Gadatsch, A. Krupp, & A. Wiesehahn (Hrsg.), *Controlling und Leadership – Konzepte, Erfahrungen, Entwicklungen* (S. 193–213). Wiesbaden: Springer.
Hoffmann, S., & Akbar, P. (2016). *Konsumentenverhalten: Konsumenten verstehen – Marketingmaßnahmen gestalten*. Wiesbaden: Springer.
Holt, D. B. (1997). Poststructuralist lifestyle analysis: Conceptualizing the social patterning of consumption in postmodernity. *Journal of Consumer Research, 23*(4), 326–350.
Hoyer, W. D., MacInnis, D. J., & Pieters, R. (2012). *Consumer behavior* (6. Aufl.). Boston: Cengage Learning Emea.
Lüdtke, H. (1989). *Expressive Ungleichheit. Zur Soziologie der Lebensstile*. Opladen: Leske + Budrich.
Martin, C. J., & Upham, P. (2016). Grassroots social innovation and the mobilisation of values in collaborative consumption: A conceptual model. *Journal of cleaner Production, 134*(Part A), 204–213.
Müller, S., & Gelbrich, S. (2015). *Interkulturelles Marketing*. München: Vahlen.
Pagel, P. (2017). Die Digitalisierung der Welt. *Wirtschaftsinformatik und Management, 9*(1), 3.
Plummer, J. T. (1974). The concept and application of life style segmentation. *Journal of Marketing, 38*(1), 33–37.
Rezabakhsh, B., Bornemann, D., Hansen, U., & Schrader, U. (2006). Consumer power: A comparison of the old economy and the internet economy. *Journal of Consumer Policy, 29*(1), 3–36.
Scholz, C. (2014). *Generation Z. Wie sie tickt, was sie verändert und warum sie uns alle ansteckt*. Weinheim: Wiley.
Seegebarth, B., Peyer, M., Balderjahn, I., & Wiedmann, K.-P. (2016). The sustainability roots of anti-consumption lifestyles and initial insights regarding their effects on consumers' well-being. *Journal of Consumer Affairs, 50*(1), 68–99.
Trentmann, F. (2016). *Die Herrschaft der Dinge – Die Geschichte des Konsums vom 15. Jahrhundert bis heute*. München: DVA.
Wells, W. D., & Tigert, D. J. (1971). Activities, interests and opinions. *Journal of Advertising Research, 11*, 27–35.

Cocooning: Unser Zuhause als digitales Lifestyle-Drehkreuz

Abb. 2.1 Impression Cocooning. (Quelle: eigene Darstellung unter Verwendung von Bildmaterial von Pexels.com)

Der gezielte Rückzug ins Private wird mehr und mehr zum Lebensstil (Abb. 2.1). Es ist daher nicht verwunderlich, dass **Cocooner** ihr Zuhause mithilfe digitaler Medien zu einem Konsum-Drehkreuz ausbauen. Denn selbstbestimmtes Einkaufen aus der sicheren Umgebung der eigenen vier Wände mit Wohlfühlbonus klingt vielversprechend. Mehr noch, Cocooner dürfen heute aufgrund zahlreicher Home-Service-Angebote ein Erlebnis, das früher nur beim Ausgehen möglich war, ganz privat und ohne Qualitätseinbußen erleben.

2.1 Zunehmender Rückzug ins Private

Konsumenten fühlen sich heute wohler in ihren eigenen vier Wänden als noch vor fünf Jahren (Slaughter und Grigore 2015). Das spiegelt sich auch in ihrem Konsumverhalten wider. Sie investieren wieder mehr Geld in die Mahlzeiten zu Hause anstatt auswärts essen zu gehen. Sie schauen Filme im **heimischen Wohnzimmer** anstatt ein Kino zu besuchen. Sie shoppen vermehrt online als in Shoppingmalls. So sank in Deutschland zwischen 2012 und 2015 der Anteil derer, die bevorzugt im klassischen Einzelhandel einkaufen um 6,3 % zugunsten des Online-Handels (Statista 2016).

Mehr und mehr Konsumenten sind gern zu Hause. Diese Konsumenten haben sich in sogenannte *Stay-at-home-Shoppers* oder **Cocooner** verwandelt, die *Ausgehen* mit *Daheimbleiben* substituieren. Zahlreiche Forscher (z. B. Slaughter und Grigore 2015; Kooijman und Sierksma 2007; Roche et al. 2010; Zalega 2015) erkennen im Cocooning eine sich ausbreitende Subkultur, die durch eine zunehmend digitale Vernetzung immer komfortabler ausgelebt werden kann. Infolgedessen gewinnt das Thema Cocooning auch für Marketingmanager zunehmend an Bedeutung.

2.2 Cocooning Consumption: Konsum aus dem Kokon heraus

Cocooning ist eng verknüpft mit dem aus dem Tierreich stammenden Begriff **Kokon,** der ein Gehäuse zum Schutz von Jungtieren oder Eiern oder zum Überdauern von Entwicklungsstadien (Puppungsphase) bezeichnet. Das Cocooning-Konzept als Lebensstil stammt aus den 1990er Jahren, als die Trendforscherin Faith Popcorn den Begriff erstmals verwendete. Marketer betrachten Cocooner seither als zunehmend relevante Zielgruppe. Cocooner sind Konsumenten, die gern zu Hause bleiben und bevorzugt von dort aus konsumieren (Slaughter und Grigore 2015). Sie transferieren ihren Konsum damit von

2.2 Cocooning Consumption: Konsum aus dem Kokon heraus

öffentlichen Einrichtungen (außerhalb ihres Kokons) in ihre private Umgebung (innerhalb ihres Kokons). Ihr Kokon wird damit neben dem Schutz-/Wohnraum gleichzeitig ein Ort der Bedürfnisbefriedigung auf kultureller und bildungspolitischer Ebene sowie auf Gesundheits- und Freizeitebene (Zalega 2015). Bedürfnisse, die früher außerhalb (z. B. im Kino, im Café oder im Shopping-Center) befriedigt wurden, werden von Cocoonern zeitlich unabhängig (z. B. von Öffnungszeiten oder Filmstarts) innerhalb der eigenen Wohnung gestillt. Neben der zeitlichen Unabhängigkeit ergibt sich auch eine räumliche Unabhängigkeit, da ein Cocooner nirgendwohin gehen (und das Out-of-Stock-Risiko einkalkulieren) muss, um seine Bedürfnisse zu befriedigen. Diese zeitlich und räumlich unabhängige Bedürfnisbefriedigung resultiert in einem selbstbestimmteren Konsum. Filme können via On-demand-Service geordert werden, Kleidung und Lebensmittel lassen sich unkompliziert jederzeit online bestellen.

Motive des Konsums aus dem Kokon heraus (Cocooning Consumption) lassen sich auf die zwei Grundbedürfnisse Sicherheit und Wohlbefinden zurückführen (Abb. 2.2). Das **Sicherheitsbedürfnis** ist eng verknüpft mit dem Schutz vor äußeren Einflüssen. Cocooner können mit ihrer Konsumform die Außenwelt und

Motiv

Außen
Schutz vor äußeren Einflüssen
— Meidung von großen Menschenmengen
— Reaktanz/Ignoranz der Informationsflut
— Reduktion von zunehmender Komplexität

Innen
Suche nach innerer Balance
— Orientierung an Bekanntem/ Vertrautem
— Suche nach Gemütlichkeit/ Bequemlichkeit
— Abgrenzung von anderen/ Differenzierung

Bedürfnis

Sicherheit

Wohlbefinden

Cocooning
Rückzug ins Private

Zeitlich unabhängiger Konsum
Räumlich unabhängiger Konsum

Selbstbestimmter Konsum

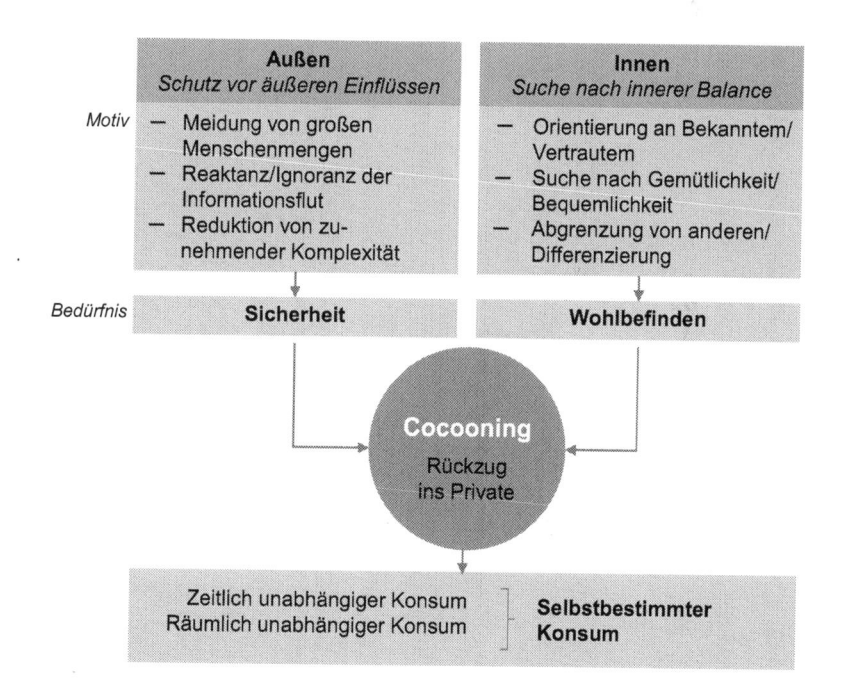

Abb. 2.2 Charakteristika des Cocoonings. (Quelle: eigene Darstellung)

damit verbundene Gefahren (z. B. große Menschenmengen) meiden. Sie müssen sich nicht der fremdgesteuerten Informationsflut außerhalb ihrer privaten Umgebung aussetzen und können sich der zunehmenden Komplexität der Außenwelt damit ein Stück weit entziehen, um beispielsweise in engerem Kontakt mit der Familie oder sich selbst zu sein. Dieses Bedürfnis nach **Wohlbefinden** kann mit der Suche nach einer inneren Balance gleichgesetzt werden. Diese Balance ist für viele Menschen in vertrauter bekannter Umgebung eher erreichbar als außerhalb davon, da sie häufig mit selbst gestalteter Gemütlichkeit und Bequemlichkeit assoziiert wird. Der Home-Service erscheint aus Sicht der Konsumenten auch deshalb reizvoll, da er in der Wohnung erfolgt. Nicht selten geht der Rückzug ins Innere auch mit einer Abgrenzung einher, die im Sinne einer Differenzierung oder Selbstfindung zu verstehen ist.

Der Rückzug ins Private als gezielte Abgrenzung von einer komplexen, rauen, kapitalistischen Welt lässt sich als Ergebnis eines neuen Persönlichkeitstypus in einer **postmodernen Gesellschaft** betrachten (Kooijman und Sierksma 2007). Die postmoderne Gesellschaft kennzeichnen ein steigender Lebensstandard und ein damit verbundener Wertewandel; weg von materiellen Werten mit Fokus auf das Überleben, hin zu immateriellen Werten mit Fokus auf Selbstverwirklichung (Inglehart 1998).

Slaughter und Grigore (2015) eruieren erstmals die Motive von Cocoonern in einer wirtschaftlichen Rezessionsphase mittels Tiefeninterviews. Die Forscher erkennen, dass Cocooner sich bewusst vom Markt distanzieren. Ihr Leben spielt sich eher in der **digitalen Welt** (z. B. in sozialen Netzwerken) als in der realen Welt draußen ab. Der Rückzug in das Zuhause gleicht dem Rückzug in die eigene Welt. Kooijman und Sierksma (2007) zeigen, dass sich das Konzept des Cocoonings dabei nicht auf Wohnungen beschränkt, sondern auch Autos als moderne Kokons angesehen werden können. Eine besondere Stellung kommt ihrer Meinung nach den Sport Utility Vehicles (SUV) zu, die aufgrund ihrer Massigkeit den Eindruck einer Sicherheitsmaschine vermitteln, die alles aus dem Weg zu räumen vermag.

Cocooning ist nicht zuletzt die logische Konsequenz einer **Infotainment**-Entwicklung hin zu High-End, die Heimkino-Equipment und Video on Demand sowie Bezahlmodelle wie Pay per View hervorgebracht haben (Zalega 2015). Auch die zunehmende Entwicklung atypischer Beschäftigungsmodelle wie Home Office, Telearbeit und Teilzeitbeschäftigung begünstigen einen Cocooning-Lifestyle. Basis dieser Transformation sind die Digitalisierung und die damit einhergehende flächendeckende High-Speed-Internetverfügbarkeit sowie der Ausbau digitaler Angebote. Seit Konsumenten ein Ständig-Online-Sein verinnerlicht haben und gleichzeitig ein immer vielfältigeres Serviceangebot verfügbar ist, muss ein Cocooner auch keineswegs auf etwas verzichten. Nicht nur die Kommunikation über lange Distanzen ist selbstverständlich geworden (Mulligan 2015), auch Serviceangebote wie Lieferdienste für Lebensmittel (sei es der Wocheneinkauf oder einzelne Ready-to-Eat-Gerichte) oder Non-Food-Artikel (wie Bücher, Kleidung) gehören in unseren Alltag. Unter der Bezeichnung **Internet der Dinge** entwickeln sich Haushaltsgeräte zu vernetzten intelligenten Maschinen. Zum Beispiel ein Kühlschrank, der selbstständig erkennt, wenn Milch und Butter ausgehen, und daraufhin automatisch eine Bestellung initiiert, die wenige Stunden später über einen Lieferdienst direkt in die Wohnung gebracht wird. Es ist ein Einfaches geworden, zu Hause zu bleiben und die dortigen Unterhaltungs- und Lieferoptionen auszuschöpfen.

2.3 Konsequenzen des selbstbestimmten Konsums für Unternehmen

Cocooner gehören zu einer wachsenden Subkultur. Konsumenten, die das Haus nicht verlassen, sind für Unternehmen jedoch keineswegs verlorene Kunden. Vielmehr heißt es, sich auf die veränderten Konsumbedürfnisse einzustellen und die Cocooner dort abzuholen, wo sie sind – bei sich zu Hause. Dafür ist es zunächst unerlässlich, sich die **Benefits** der Cocooning Consumption aus der Konsumentensicht zu vergegenwärtigen: eine zeitlich und räumlich selbstbestimmte Konsumentscheidung. Konsumentscheidungen können (unabhängig von Öffnungszeiten) jederzeit getroffen und umgesetzt werden (z. B. Video on Demand). Konsumentscheidungen können bequem von daheim getroffen werden, und das Produkt lässt sich in vertrauter Umgebung und individuell genießen.

Diese Benefits helfen dabei, potenzielle Cocooner zu identifizieren, d. h. Personengruppen, die sich freiwillig oder auch durch ihre Lebensumstände in das private Umfeld zurückziehen. Basierend auf der zeitlichen und räumlichen Selbstbestimmung der Konsumentscheidung lassen sich drei Personengruppen kategorisieren, die für Unternehmen als Cocooner relevant sind (Abb. 2.3). Für eine erste Personengruppe (z. B. individuelle Optimierer) ist die zeitliche Selbstbestimmtheit relevant. Für eine zweite Personengruppe (z. B. professionelle Genießer) ist die räumliche Selbstbestimmung entscheidend, und für eine dritte Personengruppe (z. B. Aufgaben-Jongleure) sind beide, die zeitliche und die räumliche Selbstbestimmung, gleichermaßen wichtig.

Der **individuelle Optimierer** trifft seine Konsumentscheidungen aus Effizienzgründen von daheim aus. Dieser Personenkreis ist daran interessiert, seine Zeit (daheim) optimal zu nutzen, um mehr Zeit für andere Dinge (Arbeit, Hobby,

	z. B. der individuelle Optimierer	z. B. der Aufgaben- Jongleur
Zeitliche Unabhängigkeit		
	Kein Cocooning Consumption	z. B. der professionelle Genießer

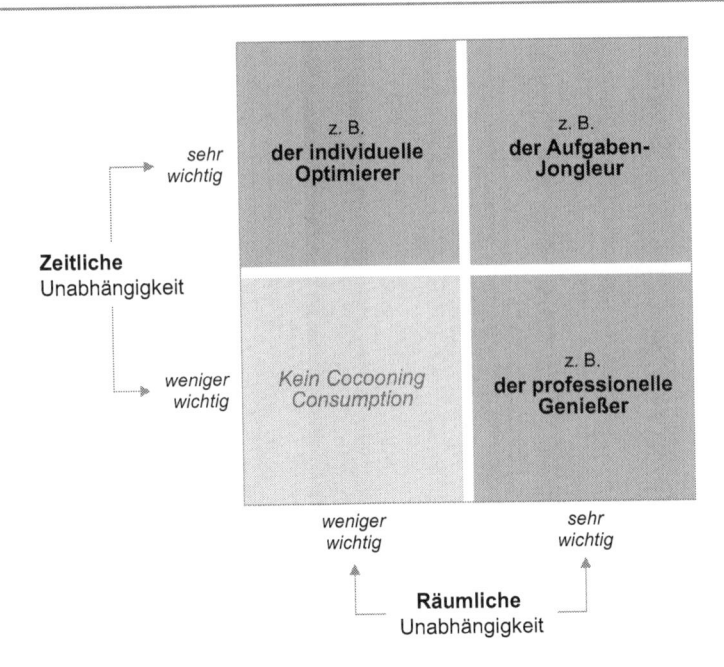

(vertikale Achse: *sehr wichtig* oben, *weniger wichtig* unten; horizontale Achse: *weniger wichtig* links, *sehr wichtig* rechts — **Räumliche Unabhängigkeit**)

Abb. 2.3 Klassifikation potenzieller Cocooner. (Quelle: eigene Darstellung)

Entspannung etc.) zu haben. Dafür werden Aufgaben wie das Einkaufen und das Kochen ausgelagert und beispielsweise Lieferdienste damit beauftragt. Der **professionelle Genießer** legt Wert auf die bequeme und räumlich unabhängige Produktnutzung. Diese Personengruppe möchte ein hochwertiges Konsumerlebnis, das früher nur beim Ausgehen möglich war, ganz privat und ohne Qualitätseinbußen genießen. Der **Aufgaben-Jongleur** vereint die Ansprüche der beiden vorherig genannten Gruppen, da er sowohl nach zeitlicher Optimierung als auch nach Genuss sucht. Diese Personengruppe (z. B. junge, anspruchsvolle Eltern) möchte ihre zeitlichen Abläufe optimieren sowie gleichzeitig räumlich selbstbestimmt und gemeinsam mit der Familie ein Produkt genießen können.

Aus diesen Grundtypen lassen sich Anforderungen ableiten, die für **Optimierer** insbesondere im Servicebereich und für **Genießer** vorwiegend im Bereich der Produktentwicklung liegen (Abb. 2.4). Zentrales Anliegen der Unternehmen sollte es sein, (insbesondere für professionelle Genießer) ein inspirierendes **Erlebnis,** das bislang üblicherweise außerhalb der Wohnung erlebt werden konnte, auch innerhalb des Kokons zu ermöglichen, ohne dabei auf Qualität verzichten zu

2.3 Konsequenzen des selbstbestimmten Konsums für Unternehmen

Insb. für professionelle Genießer mit Fokus auf räumliche Unabhängigkeit	Insb. für individuelle Optimierer mit Fokus auf zeitliche Unabhängigkeit
Inspirierendes (Home-) Erlebnis schaffen	**Unterstützende (Alltags-) Erleichterung anbieten**
Bisherige Out-of-Home-Erlebnisse im Home-Bereich ermöglichen	(Wiederkehrende) Out-of-Home-Wege und Routinearbeiten übernehmen
Zum Beispiel: Replizieren einer Erfahrung im Café in den Home-Bereich mittels professioneller Kaffeemaschine	*Zum Beispiel:* Individuell terminierbare Lieferungen von (Online-) Bestellungen wie Wocheneinkauf oder Mahlzeiten

Abb. 2.4 Beispielhafte Ansätze zur Ansprache von Cocoonern. (Quelle: eigene Darstellung)

müssen. So gilt es für Unternehmen, Produkte zu entwickeln, die das **Feeling** (z. B. eines Kaffeehauses) in der privaten Umgebung replizieren. Dafür sind Cocooner durchaus bereit, neue Geräte in ihren Kokon zu integrieren (z. B. eine hochwertige Kaffeemaschine) und ihre Umgebung zu vernetzen (z. B. per Fingerprint individualisierte Kaffeezubereitung, Kaffeehaus-Geräusche per WLAN). Weiterhin liegt großes Potenzial (insbesondere für individuelle Optimierer) in Serviceentwicklungen, die eine **Erleichterung** des Alltages bieten. Ziel sollte es dabei sein, Konsumenten ihren (Arbeits-)Alltag individuell gestalten zu lassen und dabei gleichzeitig unterstützend einzuwirken.

In der Produkt- und Serviceentwicklung kann das **Prosuming**-Konzept helfen, das Konsumentenfeedbacks gezielt zur Weiterentwicklung von Produkten und Services heranzieht. Kundenzentrierte Distributionskanäle (z. B. Ausbau von Online-Angeboten) und Lieferbedingungen (Same-Day-Delivery) lassen sich auf diese Weise kontinuierlich weiterentwickeln. Unternehmen können mit technischer Unterstützung (z. B. Geräteunabhängigkeit und -vernetzung) dem Cocooner ein inspirierendes Erlebnis bei größtmöglichem (heimischen) Komfort bieten. Denn Cocooning Consumption, bei dem Konsumenten zu Hause bleiben und ihre dortigen Konsumoptionen ausschöpfen, wird mehr und mehr an Bedeutung gewinnen. Konsumenten sind dafür ständig online und nutzen das immer vielfältigere Service- und Produktangebot. Kurzum: Für Konsumenten gibt es immer weniger Gründe, die eigenen vier Wände zu verlassen.

Status quo	Cocooning verändert Konsumverhalten

- Konsumenten treffen heute immer mehr Konsumentscheidungen von zu Hause aus
- Konsumenten haben einen wachsenden Qualitätsanspruch (z. B. Professionalisierung von Haushaltsgeräten)

Challenge	Out-of-Home-Erlebnis in Home-Bereich übertragen

- Übertragung einer üblicherweise außer Haus gemachten Erfahrung in den Komfort des eigenen Zuhauses

To-do	Gezielte Produkt-/Serviceentwicklung und Vernetzung

für Produktentwickler
- „Profiprodukte" für den Home-Bereich entwickeln
- Unkonventionelle Produkt-Features zur Vernetzung integrieren
- Online-Angebote ausbauen

für Serviceanbieter
- kundenzentrierte Home-Serviceangebote entwickeln
- Verschiedene Lieferoptionen anbieten (z. B. Lieferzeit, -ort, -dauer)

Abb. 2.5 Cocooning – In a Nutshell. (Quelle: eigene Darstellung)

Essenz & Take-Home-Message

Cocooning als Lebensstil beeinflusst das Verhalten von Konsumenten. Cocooner legen insbesondere Wert auf für sie **bequemen** (zeitlich und räumlich unabhängigen) Konsum. Für Unternehmen sind diese Konsummotive entscheidend, um Produkte und Services zu kreieren, die sich daheim ebenso erleben lassen wie außer Haus (Abb. 2.5).

An dieser Stelle soll nicht unerwähnt bleiben, dass der Lebensstil Cocooning mancherorts mit anderen Begriffen bezeichnet wird, die den Rückzug ins Private als Basis betrachten und daher weitestgehend als Synonyme interpretierbar sind. Beispielhaft seien hier **SHEF** oder **Hygge** genannt. SHEF steht für den Trend „Stay Home & Entertain Friends" und bezeichnet die gezielte Kreation eines sozialen Treffpunktes im privaten Umfeld (Müller et al. 2010). Hygge stammt aus dem Dänischen und lässt sich sinngemäß mit Glücksgefühl durch Geborgenheit und Gemütlichkeit im privaten Umfeld übersetzen (Hofmann 2016).

Literatur

Hofmann, B. (2016). Das dänische Glücksrezept heißt „Hygge", Süddeutsche Zeitung SZ.de. http://www.sueddeutsche.de/stil/lebensstil-das-daenische-gluecksrezept-heisst-hygge-1.3148698 (download 12. Januar 2017).

Inglehart, R. (1998). *Modernisierung und Postmodernisierung. Kultureller, wirtschaftlicher und politischer Wandel in 43 Gesellschaften*. Frankfurt a. M.: Campus.

Kooijman, D., & Sierksma, R. (2007). Emotional driving: cocooning in the public realm. uuid:569cbd27-b353-4a66-9270-78de7e108184 (download 13. Oktober 2016).

Müller, N., Rehder, T., & Sterken, G. von. (2010). *Das Zukunftslexikon der wichtigsten Trendbegriffe*. Hamburg: Trendone.

Mulligan, M. (2015). *An introduction to sustainability: Environmental, social and personal perspectives*. New York: Routledge.

Roche, C., Ducasse, P., Liao, C., & Grevler, C. (2010). A new world order of consumption – 2010 report on consumer sentiment. https://www.bcgperspectives.com/content/articles/consumer_products_retail_new_world_order_of_consumption/?chapter=4#chapter4_section8 (download 14. Oktober 2016).

Slaughter, S., & Grigore, G. (2015). Exploring the post-recession experiences of 'Cocooning' consumer: The importance of core values and rituals. *Journal of Promotional Communications, 3*(1), 242–257.

Statista. (2016). Kaufpräferenz Onlinehandel vs. Einzelhandel in Deutschland bis 2015. https://de.statista.com/statistik/daten/studie/472999/umfrage/entwicklung-des-einkaufsverhaltens-im-onlinehandel-vs-einzelhandel-in-deutschland/ (download 14. Oktober 2016).

Zalega, T. (2015). New consumer trends. http://dspace.uni.lodz.pl/xmlui/handle/11089/11727 (download 13. Oktober 2016).

Neo-Nomadismus: Digital – multilingual – global

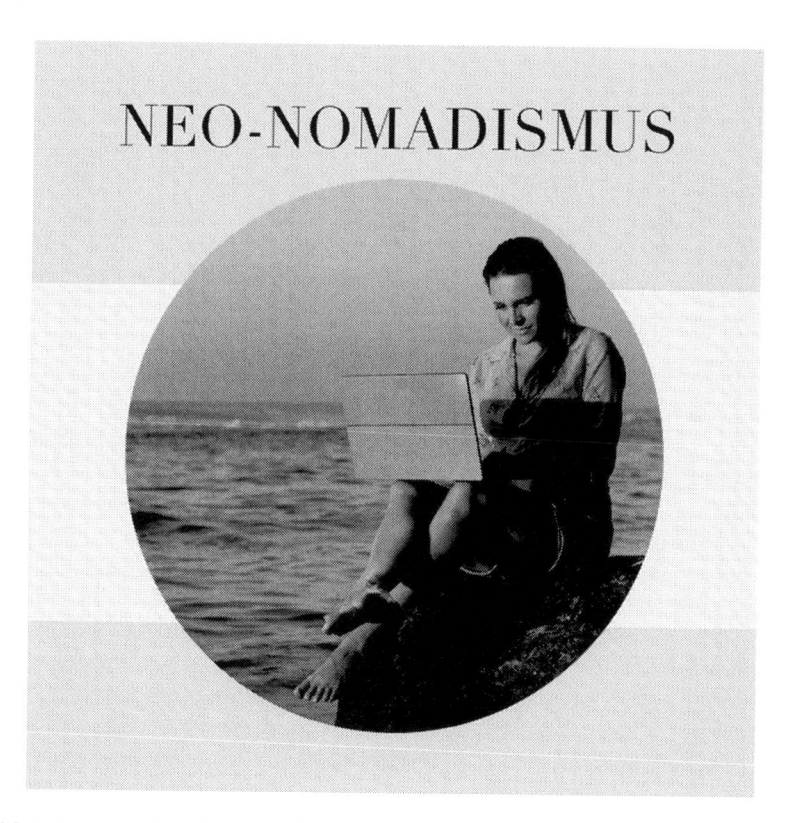

Abb. 3.1 Impression Neo-Nomadismus. (Quelle: eigene Darstellung unter Verwendung von Bildmaterial von Pexels.com)

Eine global vernetzte Welt ermöglicht Bewegungs- und Entscheidungsspielräume, die Alternativen zu bisherigen Strukturen bieten (können) und sich in Lebensstilen wie dem Neo-Nomadismus manifestieren (Abb. 3.1). **Neo-Nomaden** reisen, um zu arbeiten, und arbeiten, um zu reisen. Mehr und mehr (junge) Menschen folgen diesem Lebenskonzept, um einerseits ihre Neugier nach anderen Orten, Menschen und Konzepten zu befriedigen und andererseits ihren Wunsch nach Unabhängigkeit und Selbstbestimmung auszuleben.

3.1 Stetiges Reisen im digitalen Unternehmertum

In einer hochgradig vernetzten Welt tritt reale räumliche Nähe in den Hintergrund. Sinnbild für ortsungebundenes Leben und Arbeiten ist der moderne Nomade (Merkel 2013), der digital vernetzt überall auf der Welt sein Lager aufschlägt und weiterzieht, sobald es ihm sinnvoll erscheint. Unterwegs zu sein, ist sein Lebensprinzip. Die Bezeichnungen „globaler Nomade", „digitaler Nomade" und „postmoderner Nomade" werden in der Praxis dabei weitgehend synonym verwendet. Diese modernen Nomaden (Neo-Nomaden) eint ihre globale Mobilität und ihre digitale Vernetzung. Neo-Nomaden kennzeichnet die entschiedene Abkehr sowohl von vorgegebenen, vereinheitlichenden Identitäts- und Lebenskonzepten als auch von sesshafter stabiler Verortung. Sie gehen damit über die Suche nach Individualität hinaus (Keller 2009). Dass sich gegenwärtig mehr und mehr Menschen für die Lebens- und Arbeitsweise des Neo-Nomaden begeistern, belegt beispielsweise die globale rasante Zunahme an **Coworking** Spaces, in denen unter anderem Neo-Nomaden eine flexible Anlaufstelle zum Arbeiten finden. Statista (2018) prognostiziert den Anstieg von Coworking Spaces von weltweit 11.091 im Jahr 2016 (tatsächlicher Wert) auf 26.078 im Jahr 2020 (prognostizierter Wert). 2020 werden demnach mehr als dreimal so viele Gemeinschaftsbüros existieren wie noch fünf Jahre zuvor (2015 waren es 7792). In solch öffentlichen Gemeinschaftsbüros, die individuell und temporär flexibel nutzbar sind, treffen die sonst individuell reisenden, lebenden und arbeitenden (Online-)Unternehmer zufällig oder gezielt zu einem sozialen und fachlichen Austausch zusammen. Da ihre Lebens- und Arbeitswelt sich überwiegend online abspielt, sind fixe Treffpunkte in der realen Welt für Neo-Nomaden allerdings eher selten (z. B. das jährliche „Burning Man"-Festival oder unregelmäßige TED-Talks) (Braun 2015).

Die zum wiederholten Male stattfindende mehrtägige digitale Nomaden-Konferenz (www.dnx-berlin.de) zeigt, dass das lose Netzwerk der Neo-Nomaden stetig anwächst und sich zunehmend **professionalisiert.** Daher stellt sich die Frage nach grundlegenden Motiven und zentralen Charakteristika des unkonventionellen Neo-Nomaden-Lebensstils. Insbesondere die daraus resultierenden Auswirkungen auf das Konsumverhalten der Personengruppe gilt es für Marketing-Manager zu durchdringen, um reisende (Online-)Unternehmer als Personengruppe zu erreichen.

3.2 Neue Nomaden: Überall und jederzeit konsumieren

Der Begriff Nomadismus (auch Nomadentum) findet seinen Ursprung in der Kultur der Hirtenvölker und bezeichnet im weitesten Sinne eine nicht-sesshafte Lebensweise (Leben ohne festen Wohnsitz/Adresse), d. h. das regelmäßige Weiterziehen von Ort zu Ort zugunsten besserer (Über-)Lebens- bzw. Arbeitsbedingungen (Scholz 1995). Bedingt durch ihre häufigen **Ortswechsel** reisen Nomaden mit wenig, allerdings essentiellem Gepäck. Während dies für Hirtenvölker leicht transportable und aufbaubare Zelte waren, sind der internetfähige Laptop und das Smartphone für den Neo-Nomaden unverzichtbar (Merkel 2013).

Neo-Nomadismus als Lebensstil verbindet die Leidenschaft des (individuellen) Reisens mit dem Erfordernis, sich zu finanzieren, auf unkonventionelle Weise, die letztlich dem Konzept des **Work & Travel** auf unbestimmte Zeit entspricht. Neo-Nomaden betrachten ihre Arbeit jedoch keineswegs als notwendiges Übel. Vielmehr spiegelt die fließende Verbindung als reisender Arbeiter ihre Lebenseinstellung wider, Reisen und Arbeiten ineinanderfließend und gleichberechtigt in ihrem Leben zu vereinen. Demnach reisen Neo-Nomaden, um zu arbeiten, und umgekehrt; sie arbeiten, um sich ihre Reisen zu finanzieren.

In der Psychologie gilt Neugier als eines der zentralen Handlungsmotive (z. B. Schmid 2008), das sich auch auf diesen Lebensstil übertragen lässt. Neugier treibt Neo-Nomaden sowohl beim Reisen (=Neugier auf fremde Orte und Menschen) als auch beim Arbeiten (=Neugier auf neue Ideen und Projekte) an. Neben diesem übergeordneten Motiv lassen sich basierend auf der Verbindung von Reisen und Arbeiten vier grundlegende Aspekte identifizieren, die die Handlungsmotivation der Neo-Nomaden charakterisieren (Abb. 3.2). Dem Reisen zuzuordnen sind der Drang nach Mobilität und Unabhängigkeit, dem Arbeiten zuzuordnen sind das Bedürfnis nach Vernetzung und Unternehmergeist. Der Wunsch nach **Mobilität** resultiert aus dem Bewegungs- und Entdeckerdrang der Neo-Nomaden, sodass sie weiträumiges Pendeln (z. B. über Kontinente hinweg) als sehr inspirierend erleben. Gemäß Steinmaurer (2015; i. V. m. Bonß und Kesselring 2001) ist neben dieser globalen Mobilität (=Beweglichkeit über Ländergrenzen hinweg) auch die virtuelle Mobilität (=Beweglichkeit unabhängig von Zeit und

3 Neo-Nomadismus: Digital – multilingual – global

Mobilität
- Pendeln über weite Distanzen, (globaler) Bewegungsdrang
- (virtuelle) örtlich und zeitlich unabhängige Beweglichkeit

Vernetzung
- (Digitaler) Austausch (z. B. Wissen & Know-how)
- Verbundenheit mit Gleichgesinnten (z. B. Coworking)

um zu

Reisen — Neugier — Arbeiten

um zu

Unabhängigkeit
- Freiheit (z. B. im Treffen von Entscheidungen)
- Flexibilität (z. B. hinsichtlich Ort, Zeit und Inhalt)

Unternehmergeist
- (Berufliche) Selbstständigkeit (z. B. Online-Business)
- Übernahme von Verantwortung (z. B. für Projekte)

Digital Natives: Vertraut mit Digitalem

Lingual & Cultural Natives: Multilingual/-kulturell aufgewachsen

Global Natives: Weltweite Reiseerfahrung

Neo-Nomadismus
= reisendes (Online-)Unternehmertum

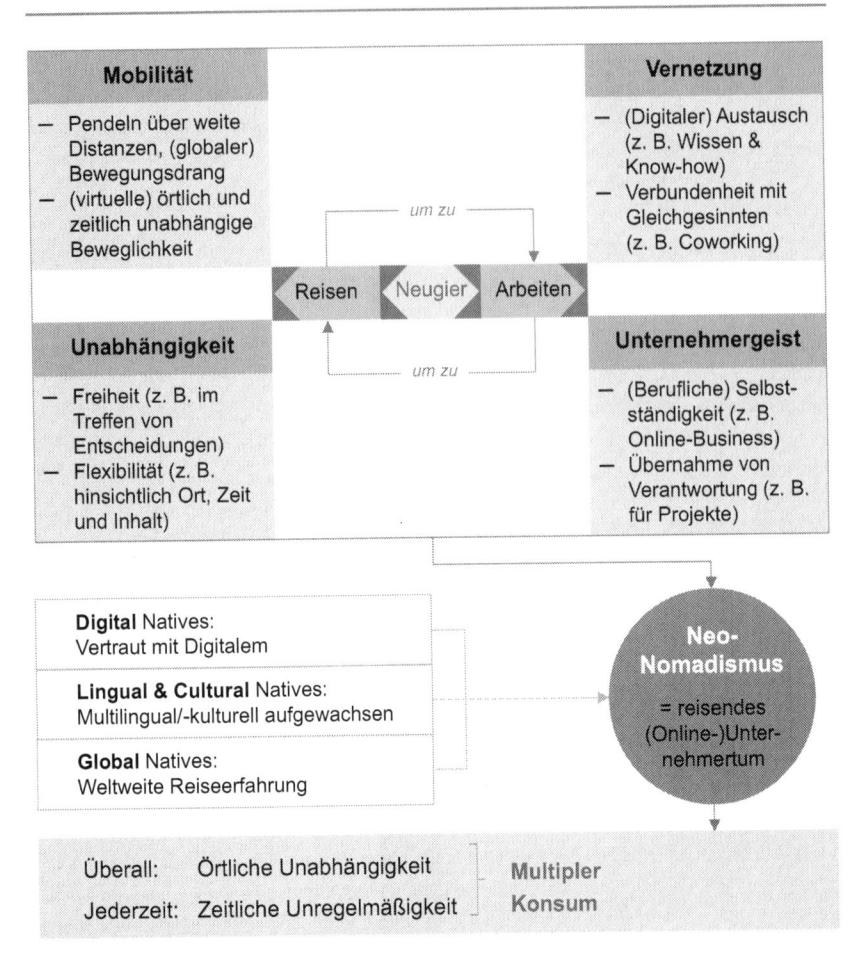

Überall: Örtliche Unabhängigkeit
Jederzeit: Zeitliche Unregelmäßigkeit

Multipler Konsum

Abb. 3.2 Charakteristika des Neo-Nomadismus. (Quelle: eigene Darstellung)

Raum) für Neo-Nomaden charakteristisch. Diese exzessive Reisetätigkeit ist ein Ausdruck der **Unabhängigkeit,** die einerseits (Entscheidungs-)Freiheit und Flexibilität (z. B. über das nächste Reiseziel oder Projekt) beinhaltet und andererseits die selbstbestimmte Wahl hinsichtlich (Arbeits-/Lebens-)Ort, Zeit und Inhalt lässt. Die Entscheidung, ob, wann, wo und wie gereist bzw. gearbeitet wird, entbindet den Neo-Nomaden zwar nicht von den Konsequenzen seiner Entscheidungen, vermittelt ihm jedoch das Gefühl von Selbstbestimmtheit und verleiht in der Konsequenz mehr (Lebens-/Arbeit-)Zufriedenheit (Lachapelle et al. 2005). Im Rahmen der Arbeitstätigkeit eines Neo-Nomaden spielt die **Vernetzung** eine entscheidende motivationale Rolle. Technisch betrachtet lassen sich Projekte nur durch eine digitale Verbindung (über das Internet) und im virtuellen (Wissens-) Austausch ortsunabhängig bearbeiten. Nicht zuletzt erzeugt die virtuelle Verbundenheit – die durch eine reale Verbundenheit z. B. in Coworking Spaces verstärkt wird – eine anregende, kooperative Arbeitsatmosphäre, die durch wechselseitiges Lernen geprägt ist und nicht selten fließend von nebeneinander arbeiten zu miteinander arbeiten übergeht (Merkel 2013). Schließlich lässt sich einem Neo-Nomaden auch ein ausgeprägter **Unternehmergeist** attestieren, was sich in Übernahme von Selbstverantwortung ebenso zeigt wie in der Tatsache, dass Neo-Nomaden (berufliche) Selbstständigkeit (z. B. Freelancer) leben und mit einem intrinsisch motivierten Tatendrang etwas (er)schaffen möchten. Während die große Mehrheit der Neo-Nomaden familiär unabhängig in ihren 30er Lebensjahren und in der Kultur- und Kreativwirtschaft (z. B. Blogger, Grafiker, Designer, Programmierer) tätig ist (Deskmag 2011), entscheiden sich vereinzelt auch Familien mit Kindern bewusst für den Neo-Nomaden-Lebensstil und die Gründung eines eigenen Online-Business.

Neo-Nomadismus lässt sich folglich als reisendes (Online-)Unternehmertum definieren, das neben digitaler auch sprachliche und globale Kompetenz verlangt. Daher ist es nicht verwunderlich, dass Neo-Nomaden in der Regel der Generation der **digital** Natives angehört, d. h., sie sind mit dem digitalen Medium aufgewachsen und daher bestens mit seinem Umgang vertraut (z. B. Gasser und Sirum 2010). Zudem sind Neo-Nomaden nicht selten **lingual** Natives (auch Third Culture Kids genannt) (z. B. Pollock und van Reken 2009), also selbst multilingual/-kulturell aufgewachsen, d. h., sie sprechen zwei oder mehr Sprachen auf Muttersprachenniveau und sind daher in sprachlicher Hinsicht ortsübergreifend. Schließlich sind Neo-Nomaden häufig auch **global** Natives, d. h., sie blicken (z. B. aufgrund multikultureller Wurzeln) auf eine intensive und weltweite Reiseerfahrung zurück (z. B. Fuchs 2015).

Angesichts dessen, dass Neo-Nomaden ständig (weltweit) unterwegs sind und online agieren, operieren sie in den unterschiedlichsten Zeitzonen von immer wieder anderen Orten aus und wechseln fortwährend zwischen Reise- und Ruhezeiten. Diese zeitliche und räumliche Beweglichkeit resultiert in einem (territorial-temporal) **multiplen Konsum,** der einem Überall- und Jederzeit-Anspruch gleichkommt. Neo-Nomaden konsumieren wo auch immer bzw. wann auch immer, d. h. unabhängig von Raum (z. B. Standort) und Zeit (z. B. Öffnungs- oder Geschäftszeit, Tages-/Nachtzeit, Zeitzone).

3.3 Konsequenzen des multiplen Konsums für Unternehmen

Für Neo-Nomaden geht es darum, sich frei und unabhängig bewegen zu können und gleichzeitig vernetzt und (miteinander) verbunden zu bleiben. Diese **Balance** zu finden, ist ebenso herausfordernd wie das individuelle Gleichgewicht zwischen den Kernelementen des Neo-Nomadismus; zwischen Arbeiten und Reisen. Diese Polarität kann Unternehmen als Orientierung dienen, die Neo-Nomaden als Zielgruppe für ihre Produkte und Services oder als (freie) Mitarbeitergruppe zu betrachten. Demnach gilt es, einen Ausgleich zwischen der realen und der digitalen Welt zu schaffen (Abb. 3.3). Hierfür stellt sich einerseits die Frage, inwieweit sich (bestehende) Produkte/Services (auch) digital anbieten lassen, und andererseits, welche neuen Produkte/Services im Nomadismus-Kontext relevant sind. Beispielsweise ließen sich virtuelle Assistenten oder Digitalisierungs-Services anbieten sowie die Online-Distribution ausbauen (=Digitalisierung). Auch die Präsenz in der realen Welt ist maßgeblich, um beispielsweise digitale Vernetzungen in die Realität zu überführen und den Neo-Nomaden einen persönlichen Austausch zu gewährleisten. Hierfür sind Unternehmen aufgefordert, Rahmenbedingungen und

Dritte Ebene **Digitalisierung**
– von Produkten (z. B. virtuelle Assistenz)
– von Services (z. B. Post-Scan-Service)
– von Distribution (z. B. Online-Shops)

Digitale Welt

Zweite Ebene

Kern-Ebene

Unabhängigkeit & Freiheit

Reisen — *Balance zwischen* — Arbeiten

Verbundenheit & Vernetzung

Reale Welt

Realisierung
– von persönlichen Kontakten (z. B. Konferenzen)
– von Arbeitsinfrastruktur (z. B. Coworking Spaces)
– von Projekten (z. B. Kundenaufträge)

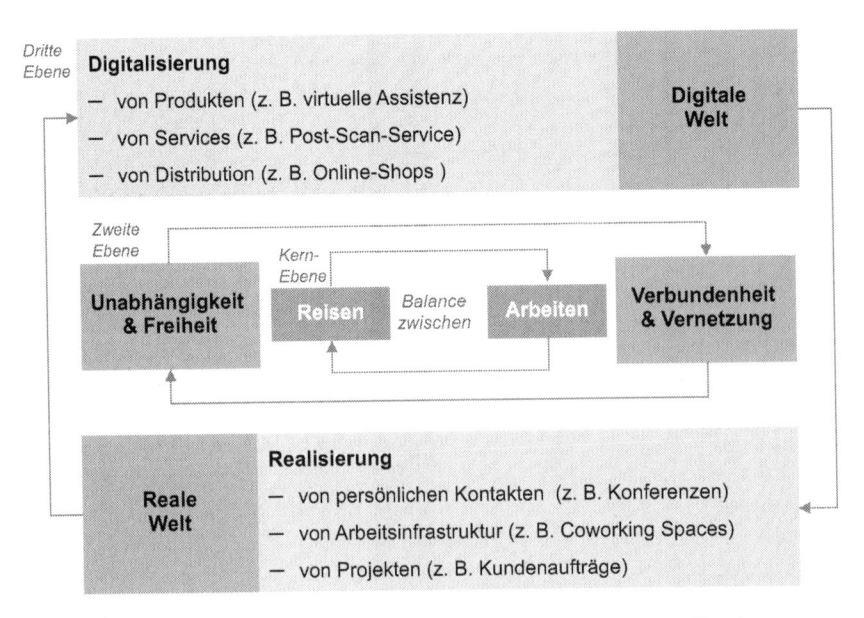

Abb. 3.3 Drei Balance-Ebenen für Neo-Nomaden. (Quelle: eigene Darstellung)

3.3 Konsequenzen des multiplen Konsums für Unternehmen

Infrastruktur (z. B. Coworking Spaces) für eine effiziente Zusammenarbeit (z. B. mit anderen Neo-Nomaden) zu schaffen (=Realisierung).

Die Dualität zwischen Reisen und Arbeiten in einem digitalen und realen Umfeld erzeugt für Neo-Nomaden ein Spannungsfeld zwischen **Organisation** (Verwaltung) und **Kommunikation** (Vernetzung), dem es sich für Unternehmen zu nähern lohnt (Abb. 3.4). Denn Neo-Nomaden bedienen sich vieler Tools und Services, um ihr (Online-)Unternehmen auf Reisen zu organisieren. Von der Planung (z. B. mithilfe digitaler To-do-Listen), über das Projektmanagement (z. B. mithilfe virtueller Assistenten) bis zur Bezahlung (z. B. via PayPal), Buchhaltung (z. B. Post-Scan-Services oder digitale Unterschrift) und Beratung (z. B. Online-Coaching) bieten sich Ansätze für Produkte und Services sowie für Geschäftsmodelle, die papierlose digitale Organisation reisender Entrepreneurs zu ermöglichen. Eine schnelle und stabile Internetverbindung (z. B. in Coworking Spaces) ist für Neo-Nomaden entscheidend, um (online) kommunizieren und Community-Angebote nutzen bzw. dazu beitragen zu können. Nicht zuletzt

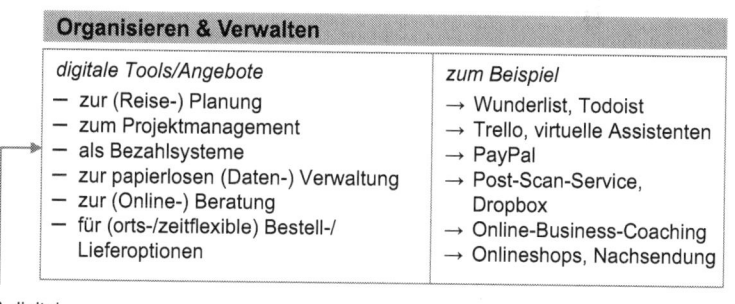

real & digital Reisen & Arbeiten

Organisieren & Verwalten

digitale Tools/Angebote	zum Beispiel
– zur (Reise-) Planung	→ Wunderlist, Todoist
– zum Projektmanagement	→ Trello, virtuelle Assistenten
– als Bezahlsysteme	→ PayPal
– zur papierlosen (Daten-) Verwaltung	→ Post-Scan-Service, Dropbox
– zur (Online-) Beratung	→ Online-Business-Coaching
– für (orts-/zeitflexible) Bestell-/ Lieferoptionen	→ Onlineshops, Nachsendung

Kommunizieren & Vernetzen

digitale Tools/Angebote	zum Beispiel
– für schnelle stabile Internetverbindung	→ Kreation stabiler Hotspots
– für Internettelefonie, (Video-) Chats, Online-Meetings	→ Skype, Join.me, Adobe Connect
– (Online-) Konferenzen, Communities, Netzwerke	→ nomadist.com, workform.co
reale Plätze	
– flexible Arbeitsorte weltweit	→ Coworking Area

Abb. 3.4 Beispielhafte Ansätze zur Unterstützung von Neo-Nomaden. (Quelle: eigene Darstellung)

ist das Ziel vieler Neo-Nomaden mit Start-up-Ambitionen, das eigene Geschäftsmodell zu schärfen und nicht zum Unternehmenskern gehörige Aufgaben effizient auszulagern (z. B. Telefonservice, Social-Media-Betreuung), d. h. gemäß dem Minimalismus-Gedanken die Reduktion auf Wesentliches zu forcieren, um den Entdecker-, Bewegungs- und Tatendrang gezielt zu kanalisieren.

Derzeit findet das **Workation**-Konzept zunehmend Beachtung, das Arbeit (Work) und Urlaub (Vacation) auf unkonventionelle Weise miteinander verbindet (Warrlich 2016). Workation lässt Neo-Nomaden temporär gemeinsam leben und arbeiten (z. B. auf einem Kreuzfahrtschiff im Mittelmeer oder in einer Villa in Portugal, www.workation.wirelesslife.de) und darf daher als konsequente Fortführung der Coworking Spaces zu Coworking & Coliving Spaces betrachtet werden. Überlegenswert wäre an dieser Stelle, Workation als Geschäftsmodell (weiter) zu entwickeln, um die Zielgruppe entsprechend ihren aktuellen Bedürfnissen gezielt anzusprechen. Beispielhaft seien hier drei Ansätze genannt. „Neo-Nomade auf Zeit" als Ansatz für noch unentschlossene (ggf. angehende) Neo-Nomaden, um im Rahmen eines „Urlaubes" den Lebensstil unverbindlich und zeitlich begrenzt zu testen bzw. selbst zu erleben. „Professional Neo-Nomaden" als Ansatz für erfahrene (etablierte) Neo-Nomaden, um sich (besser) zu vernetzen und das eigene Geschäftsmodell zu schärfen bzw. die Unternehmensorganisation zu professionalisieren. „Work(st)ation" als Ansatz für klassische Arbeitgeber oder Angestellte, beispielsweise im Rahmen eines Projektes, ein kreatives (neues) Arbeitsumfeld für Ideen abseits bisheriger Strukturen zu schaffen.

> **Essenz & Take-Home-Message**
>
> Angetrieben von Neugier und dem Wunsch nach mehr Lebensqualität verbinden Neo-Nomaden ihre Leidenschaft des Reisens mit der Notwendigkeit des Geldverdienens (Albers 2009). Sie agieren vorwiegend online und digital vernetzt, um örtlich und zeitlich unabhängig zu sein, müssen jedoch auch mit **Unsicherheitsfaktoren** (z. B. Existenzängsten, Rastlosigkeit, Einsamkeit) umgehen (Chimoy 2015). Aus diesem Grund ist Neo-Nomadismus letztlich nicht für jedermann eine geeignete Lebensform, wenngleich sich mehr und mehr Personen davon angesprochen fühlen. Aus Sicht von Unternehmen eignen sich Neo-Nomaden aus zweierlei Hinsicht als relevante (Ziel-)Personengruppe: als (freie) Mitarbeitergruppe mit unkonventionellen Ideen und Methoden und als Kundengruppe für (digitale) Produkt- und Serviceangebote (z. B. Coworking Spaces, Workations). Die Herausforderung für Unternehmen besteht für beide Varianten darin, die Dualität zwischen Reisen und Arbeiten, zwischen Freiheits- und Vernetzungsanspruchs und zwischen digitaler und realer Welt in Balance zu bringen (Abb. 3.5).

Status quo	Nomadismus verändert das Arbeits- und Konsumverhalten

- Konsumenten verbinden Reisen und Arbeiten, indem sie sich global bewegen und digital agieren
- Konsumenten arbeiten und konsumieren orts- und zeitunabhängig

Challenge	Balance zwischen Gegensätzen finden

- Ausgleich zwischen Reisen & Arbeiten, Freiheit & Vernetzung, digital & real herstellen

To-do	Neo-Nomaden als Personengruppe gezielt ansprechen

allgemein
- Neo-Nomaden als (freie) Mitarbeiter integrieren
- Neo-Nomaden als Zielgruppe für Produkte & Services betrachten

Organisation & Verwaltung
- digitale/papierlose (Geschäfts-)Prozesse (z. B. Projektmanagement)
- Online-Beratungs-/Coaching-Angebote

Kommunikation & Vernetzung
- Digitale/virtuelle Kommunikation (z. B. Video-Konferenzen)
- Community/Austausch schaffen (z. B. Coworking, Workation)

Abb. 3.5 Neo-Nomadismus – In a Nutshell. (Quelle: eigene Darstellung)

Literatur

Albers, M. (2009). *MeConomy – Wie wir in Zukunft leben und arbeiten werden – und warum wir uns jetzt neu erfinden müssen*. Berlin: Epubli.

Bonß, W., & Kesselring, S. (2001). Mobilität am Übergang von der Ersten zur Zweiten Moderne. In U. Beck & W. Bonß (Hrsg.), *Die Modernisierung der Moderne* (S. 177–190). Frankfurt a. M.: Suhrkamp.

Braun, W. (2015). Globale Nomaden, Horizont online, 04.12.2015. http://www.horizont.at/home/news/detail/globale-nomaden.html (download 10. Februar 2017).

Chimoy, T. (2015). Digitale Nomaden: Die Dunkle Seite der Freiheit. http://www.earthcity.de/digitale-nomaden-dunkle-seite (download 10. Februar 2017).

Deskmag. (2011). Die 1. weltweite Coworking Befragung. http://www.deskmag.com/de/all-results-of-the-global-coworking-space-survey-200 (download 10. Februar 2017).

Fuchs, M. (2015). Globale Nomaden, Universität Zürich UZH. http://www.news.uzh.ch/de/articles/2015/globale-nomaden.html (download 10. Februar 2017).

Gasser, U., & Sirum, M. (2010). Digital lifestyle and online travel: Looking at the case of digital natives. In R. Conrady & M. Buck (Hrsg.), *Trends and issues in global tourism* (S. 83–89). Heidelberg: Springer.

Keller, R. (2009). Welcome to the Pleasuredome: Konstanzen und Flüchtigkeiten der gefühlten Vergemeinschaftung. In R. Hitzler, A. Honer, & M. Pfadenhauer (Hrsg.), *Posttraditionale Gemeinschaften* (S. 89–111). Wiesbaden: Springer.

Lachapelle, Y., Wehmeyer, M. L., Haelewyck, M.-C., Courbois, Y., Keith, K. D., Schalock, R., Verdugo, M. A.., Walsh, P. N. (2005). The relationship between quality of life and self-determination: An international study. *Journal of Intellectual Disability Research, 49*(10), 740–744.

Merkel, J. (2013). Auf der Suche nach Austausch Digitale Nomaden und Coworking Spaces. *WZB Mitteilungen, 136*, 15–17.

Pollock, D., & van Reken, R. (2009). *Third culture kids. Growing up among worlds.* Boston: Nicholas Brealey.

Schmid, S. (2008). *Neugier und epistemisches Handeln.* Frankfurt: Eigenverlag.

Scholz, F. (1995). *Nomadismus: Theorie und Wandel einer sozio-ökologischen Kulturweise, Erdkundliches Wissen 118.* Stuttgart: Steiner.

Statista. (2018). Anzahl der Coworking Spaces weltweit von 2007 bis 2016 und Prognose bis 2020. https://de.statista.com/statistik/daten/studie/674101/umfrage/anzahl-der-coworking-spaces-weltweit/ (download 16. Januar 2018).

Steinmaurer, T. (2015). Zeit-Dynamiken im Netz, Zur Beschleunigung des Lebens in den Räumen digitaler Dauervernetzung. In R. Egger & H. Luger (Hrsg.), *Tourismus und die mobile Freizeit: Lebensformen, Trends und Herausforderungen* (S. 193–212).

Warrlich, S. (2016). Workation: Arbeiten und dabei Urlaub machen, sz online, 27. Mai 2016. http://www.sueddeutsche.de/karriere/digitale-nomaden-workation-arbeiten-und-dabei-urlaub-machen-1.3001450-3 (download 10. Februar 2017).

Minimalismus: Wenn weniger mehr wird

Abb. 4.1 Impression Minimalismus. (Quelle: eigene Darstellung unter Verwendung von Bildmaterial von Pixabay.com)

In einer Zeit zunehmender Dynamik und Komplexität ist es nicht überraschend, wenn das Einfache wieder an Bedeutung gewinnt (Abb. 4.1). Einfachheit und Minimalismus haben sich vom Nischentrend zum Lebensstil entwickelt, den mehr und mehr Konsumenten für sich entdecken. **Minimalisten** nutzen den bewussten Konsum, der aus unternehmerischer Perspektive Herausforderungen und Potenziale gleichermaßen in sich birgt.

4.1 Freiwillige Konsumreduktion ohne Verzichtgedanke

In einer hochgradig konsumorientierten Gesellschaft lassen sich immer mehr Personen identifizieren, die ihren materiellen Konsum bewusst einschränken. Neben Personen, die aufgrund finanzieller Knappheit gezwungen sind, ihre Ausgaben zu reduzieren, gibt es Konsumenten, die **freiwillig weniger konsumieren**, als sie sich eigentlich leisten könnten (Peyer et al. 2017). Dieser alternative Lebensstil des Minimalismus findet seit etwa zwei Jahrzehnten eine zunehmende Beachtung, was in einer Vielzahl aktueller Medien- (z. B. Schäfer 2015 in ZEIT Online; Wilke 2016 in Süddeutsche Online) und Forschungsberichte (z. B. Peyer et al. 2017) sichtbar wird. Neben Presse und Konsumentenstudien erhält Minimalismus durch spezialisierte Online-Blogs (www.minimalismus-leben.de) mehr und mehr Aufmerksamkeit. Beispielsweise vereint der Minimalismus-Blogger Leo Babauta (www.ZenHabits.net) eine millionenstarke Fangemeinde hinter sich und schaffte es mit seinem Blog zwei Jahre in Folge (2009 und 2010) sogar in die Liste der 25 Top-Blogs des Time-Magazins. Es ist also nicht verwunderlich, dass die Zahl der Minimalismus-Anhänger kontinuierlich wächst und ihr Organisationsgrad immer professioneller wird (z. B. in Stammtischen, www.minimalismus-stammtisch.de). Auch der Blick auf die Werbesprache zeigt, dass „einfach" im Jahr 2017 der am zweithäufigsten verwendete Begriff in deutschsprachigen Werbeslogans war (o. V. 2018).

Angesichts der beständigen Ausbreitung des Minimalismus als Lebensstil stößt die alternative Form des Konsumverhaltens zunehmend auf das Interesse von Unternehmen und insbesondere von Marketingmanagern. Entscheider betrachten Minimalisten als potenzielle Zielgruppe, deren Motive und Beweggründe es zu verstehen gilt.

4.2 Minimal und einfach: Nur Wesentliches konsumieren

Minimalisten reduzieren freiwillig ihren materiellen Konsum, um dadurch mehr Zufriedenheit zu erlangen sowie (den Dingen in) ihrem Leben mehr Bedeutung zu verleihen (Etzioni 1998). Der Minimalismus-Begriff im Sinne der **freiwilligen Einfachheit** (engl. Voluntary Simplicity) wurde 1936 von dem Soziologen Richard Gregg erstmals verwendet und durch die Zukunftsforschergruppe um Duane Elgin an der Standford University in den 1970er Jahren weiterverbreitet. Seither findet das Konzept der freiwilligen Einfachheit zunehmend Anhänger. Auch wenn zur Jahrtausendwende noch von der „neuen Utopie des Minimalismus" (engl. „new utopia of voluntary simplicity") gesprochen wurde (Lutz 2001, S. 285), entwickelte sich der Minimalismus vom Nischentrend kontinuierlich zu einem eigenen Lebensstil (LOVO – Lifestyle of voluntary simplicity).

Diese Entwicklung fußt letztlich auf einem gesellschaftlichen **Wertewandel** von einer materialistischen zu einer postmaterialistischen Ausrichtung. Die postmoderne Gesellschaft wird von einem steigenden Lebensstandard und einem damit verbundenen Wertewandel weg von materiellen hin zu immateriellen Werten gekennzeichnet (Inglehart 1998). Für Minimalisten spiegeln sich diese immateriellen Werte in einem einfachen und bewussten Leben. Was eine Person als einfachen Lebensstil empfindet, ist dabei sehr individuell, jedoch stets auf nicht-materialistische Werte ausgerichtet.

Das übergeordnete Ziel ist es, durch die freiwillige Reduktion des Konsumierens zu einer höheren Lebensqualität beizutragen, indem Zeit und Raum für **Bewusstsein** geschaffen wird (Abb. 4.2). Minimalisten müssen Produkte (z. B. ein Auto) nicht dauerhaft besitzen, sondern wollen sie lediglich nutzen (z. B. Carsharing), wenn sie sie brauchen. Minimalisten sind genügsam und ersetzen viel Beliebiges

Minimalismus freiwillige Konsumreduktion	Minimierung von ...	Maximierung von ...
	Materiellen Dingen	Immateriellem Erleben
	Haben & Besitzen	Sein & Nutzen
	Quantität & Masse	Qualität & Besonderes
Verzichten (auf materielle Quantität) Reduzieren (mit Fokus auf Qualität)		Bewusster Konsum

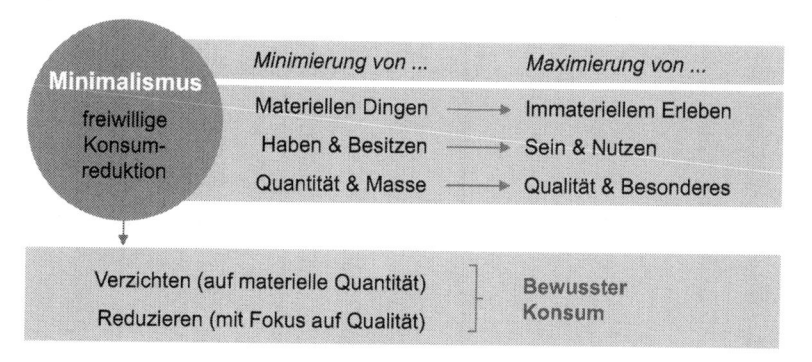

Abb. 4.2 Charakteristika des Minimalismus. (Quelle: eigene Darstellung)

durch wenig Wesentliches. Minimalismus ist eine Form des nachhaltigen Konsums, der sich in zwei Ausprägungen zeigt. Minimalisten konsumieren zum einen insgesamt weniger, und sie konsumieren zum anderen auf differenzierte Weise. Sie legen beispielsweise Wert auf umweltfreundliche Bio-und Fairtrade-Produkte (Peyer et al. 2017). Sie konsumieren damit bewusster, d. h. sie verzichten auf Quantität zugunsten von Qualität. Minimalisten reflektieren sich und ihre ökonomische und ökologische Umwelt in der Regel sehr genau, was sich in einem hohen ethischen Konsumanspruch widerspiegelt. Während Nicht-Minimalisten Produkte aus Status- und Prestigegründen kaufen, erwerben Minimalisten Produkte eher aus funktionalen Gründen (Graig-Lees und Hill 2002).

Die Bandbreite des Minimalismus reicht dabei vom Abschaffen nicht mehr benötigter Haushaltsgegenstände bis zur asketischen Konsumverweigerung (Anti-Konsum). Gemäß Etzioni (1998) lassen sich basierend auf den Intensitätsabstufungen des minimalen Lebensstils drei Minimalismus-Typen identifizieren (Abb. 4.3). **Moderate Minimalisten** (auch „Downshifter", dt. Herunterschalter)

Intensität & betroffene Lebensbereiche

umfassend

Ganzheitliche Minimalisten
richten ihr gesamtes Leben nach der „Philosophie" des Minimalismus aus, indem sie komplett auf Konsum verzichten und bspw. aufs Land ziehen und als Selbstversorger leben.

Anti-Konsum

intensiv

Starke Minimalisten
verzichten auf einen (Groß-)Teil ihres Einkommens, indem sie freiwillig bspw. eine lukrative (aber stressige) Karriere aufgeben, um mehr freie Zeit (z. B. für die Familie, Hobby) zu haben.

bewusster Konsum

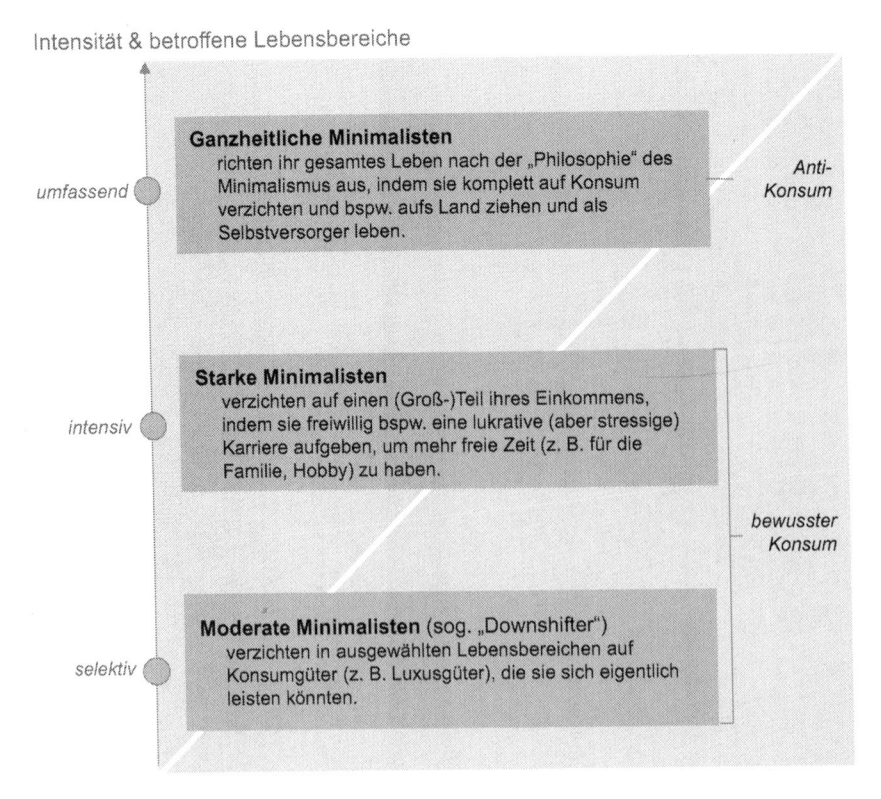

selektiv

Moderate Minimalisten (sog. „Downshifter")
verzichten in ausgewählten Lebensbereichen auf Konsumgüter (z. B. Luxusgüter), die sie sich eigentlich leisten könnten.

Abb. 4.3 Ausprägungen des Minimalismus. (Quelle: eigene Darstellung)

reduzieren in ausgewählten Lebensbereichen ihren materiellen Konsum (z. B. Verzicht auf ein eigenes Auto) ohne wirtschaftliche Notwendigkeit. Andere Lebensbereiche (z. B. Beruf) bleiben von minimalistischen Normen unberührt. Downshiften kann dabei der Beginn eines intensiveren minimalistischen Lebensstils sein und ggf. eine Entwicklung zur Gruppe der **starken Minimalisten** führen. Dieser Personenkreis verzichtet bewusst auf eine (stressige) Karriere und reduziert damit freiwillig sein Einkommen, um sich für ihn bedeutenderen Themen (z. B. der Familie) zu widmen. Im Vergleich zum selektiven Downshiften moderater Minimalisten führt das geringere Einkommen starker Minimalisten zu einem selbst gewählten, intensiveren Reduzieren des Lebensstils. Am umfassendsten widmet sich die Gruppe der **ganzheitlichen Minimalisten,** die Minimalismus auf alle Lebensbereiche ausweiten, dem Reduzieren. Dies äußert sich beispielsweise in einem autarken oder asketischen Leben. Ganzheitliche Minimalisten unterscheiden sich zum einen von Downshiftern und starken Minimalisten durch ihr Verhalten und werden nicht selten zu Konsumverweigerern. Zum anderen betrachten sie alle mit Konsum im Zusammenhang stehenden Entscheidungen aus ethisch-moralischer Perspektive.

Die Beweggründe der moderaten und der starken Minimalisten besser nachzuvollziehen, wird für Unternehmen insofern relevant, als diese Gruppen – anders als Konsumverweigerer – noch immer Teil des Marktgeschehens sind und damit zur potenziellen Zielgruppe werden können (Shaw und Moraes 2009).

4.3 Konsequenzen des bewussten Konsums für Unternehmen

In einer Zeit, die durch wachsende **Komplexität** gekennzeichnet ist, bietet ein minimalistischer Lebensstil für viele Konsumenten eine willkommene Vereinfachung. Minimalisten handeln aus einem uneigennützigen Motiv heraus, indem sie sich höheren (gesellschaftlichen) Motiven gegenüber verantworten. Sie verzichten dabei freiwillig auf materielle Dinge, um immateriellen Aspekten in ihrem Leben mehr Raum zu geben. Diese Entwicklung ist für Unternehmen insofern herausfordernd, als das bewusste Konsumieren durch Minimalisten in der Regel mit einer (konsum-)kritischen Haltung einhergeht. Diese Haltung können sich Unternehmen jedoch zunutze machen, indem sie die zugrunde liegenden Werte der Minimalisten gezielt in Produkt- und Serviceangebote sowie in ihre Kommunikation integrieren.

- **Einfachheit und Reduktion:** Minimalisten reduzieren sich auf das Wesentliche und verzichten auf Überflüssiges. Sie schätzen Klarheit bei der Konstruktion von Produkten sowie der Konzeption von Services ebenso wie Echtheit und Authentizität in der Kommunikation.
- **Nachhaltigkeit und Langlebigkeit:** Minimalisten konsumieren bewusst nachhaltig, indem sie qualitative über quantitative Kriterien stellen. Sie sind eher an langlebigen „Klassikern" als an kurzlebigen Trendprodukten interessiert.

Minimalisten bewegen sich gezielt weg vom konsumorientierten hin zu einem bewusst reduzierten Konsumstil. Aus Unternehmenssicht sind sie eine interessante Zielgruppe sowohl für Anbieter umweltfreundlicher Produkte als auch für Unternehmen, die die Philosophie des einfachen Lebens auf ihre Produkte und Services übertragen können (Abb. 4.4). Dies könnte beispielsweise Sharing-, Leasing, oder Mietangebote für Produkte betreffen, die den Fokus auf Nutzen statt Besitzen legen. Während auf der Produktebene Austauschplattformen (z. B. Secondhand, DIY-Produkte) denkbar sind, bieten sich auf der Serviceebene beispielsweise Reparaturleistungen an. Auch nichtmaterielle Optionen wie (zusätzliche) Beratungsangebote (z. B. Energiesparpotenziale) bieten Minimalisten insbesondere dann einen Mehrwert, wenn sie Nachhaltigkeitsthemen aufgreifen.

Wie sich Minimalisten als potenzielle Zielgruppe gezielt ansprechen lassen, zeigen drei ausgewählte **Best-Practice**-Beispiele:

1. Die Firma *Vorwerk* nutzt das „Reduktionsargument" sehr erfolgreich, indem sie die Küchenmaschine *Thermomix* bewusst als ein Gerät positioniert, das viele andere (Küchen-)Geräte ersetzen kann – sozusagen Reduktion der Gerätemenge ohne Verzicht auf deren Nutzen.

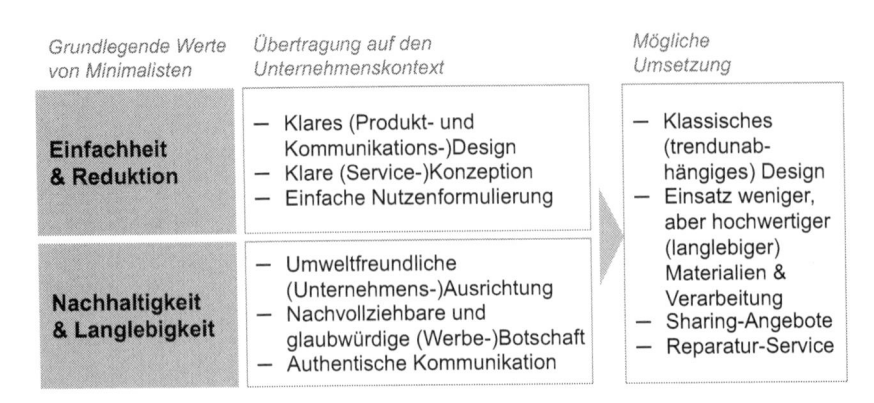

Grundlegende Werte von Minimalisten	Übertragung auf den Unternehmenskontext	Mögliche Umsetzung
Einfachheit & Reduktion	– Klares (Produkt- und Kommunikations-)Design – Klare (Service-)Konzeption – Einfache Nutzenformulierung	– Klassisches (trendunabhängiges) Design – Einsatz weniger, aber hochwertiger (langlebiger) Materialien & Verarbeitung – Sharing-Angebote – Reparatur-Service
Nachhaltigkeit & Langlebigkeit	– Umweltfreundliche (Unternehmens-)Ausrichtung – Nachvollziehbare und glaubwürdige (Werbe-)Botschaft – Authentische Kommunikation	

Abb. 4.4 Beispielhafte Umsetzung minimalistischer Werte im Unternehmen. (Quelle: eigene Darstellung)

2. Die Online-Plattform „Buy me once" (zu Deutsch „kauf mich nur einmal", www.buymeonce.com) bietet Konsumenten einen unkonventionellen Weg des nachhaltigen Konsums, indem ausschließlich langlebige Produkte (z. B. Kleidung, Möbel, Spielwaren) angeboten werden. Die Initiative vereint Designer und Unternehmen, die langlebige Stoffe und Materialien nachhaltig verarbeiten und Produkte unabhängig von aktuellen Modetrends entwickeln. Neben einer langen Lebensdauer der Produkte ist es auch das Ziel, Produkte für den Konsumenten so „wertvoll" werden zu lassen, dass sich das Reparieren für ihn lohnt (Kevdes 2016).
3. Der Outdoor-Bekleidungshersteller *Patagonia* fokussiert sich mit seiner Common-Threads-Initiative auf das Thema Reduzieren, indem er seine Kunden beispielsweise aktiv fragt, ob sie diese Jacke wirklich brauchen, und damit dazu auffordert, über die Notwendigkeit eines Produktkaufes (d. h. Anti-Konsum) nachzudenken (Hwang et al. 2016). Zudem repariert der Textilhersteller Schäden an seinen Kleidungsstücken. So z. B. für den Bergsteiger Jonathan Haklay, der 1985 seine *Patagonia*-Jacke erwarb und damit u. a. den Mount Everest bestiegen hatte. Als seine mit aufregenden Erinnerungen verbundene Jacke nach 20 Jahren reparaturbedürftig war, behob *Patagonia* den Schaden, anstatt ihm eine neue Jacke anzubieten.

Minimalismus ist weniger eine einmalige Entscheidung des Reduzierens als vielmehr ein kontinuierlicher Bewusstseinszustand des Sinnhaften. Unternehmen sollten für ihre Produkte und Services einen Wesenskern entwickeln, der für den Konsumenten **Sinnhaftigkeit** und Notwendigkeit erkennen lässt. Produkte mit einer langen Lebensdauer, die bestenfalls zu einem lebenslangen wertvollen Begleiter werden, sind für Minimalisten überzeugende Argumente. Denn für Minimalisten steht nicht das (materielle) Produkt im Vordergrund, sondern das (immaterielle) mit dem Produkt verbundene Erlebnis und die Emotion. Dies lässt sich unternehmensseitig durch eine einfache und klare Kommunikation unterstützen, die sich bewusst auf das Nötigste beschränkt und auf alles verzichtet, was der Kernbotschaft im Wege steht.

Essenz & Take-Home-Message

Es ist erkennbar, dass Minimalismus in Verbindung mit Einfachheit ein sich ausbreitender Lebensstil ist, der Konsumenten zu einem sehr bewussten Konsumstil führt und seine radikale Ausdrucksform in totaler Konsumverweigerung findet. Wer ohne wirtschaftliche Notwendigkeit freiwillig seinen materiellen Besitz einschränkt, sucht nach dem **Wesentlichen** und Sinnhaften. Wenn Konsumenten sich selbst und ihren Konsum vereinfachen und reduzieren, besteht für Unternehmen die Herausforderung darin, das (für den Konsumenten) Wesentliche zu erkennen und auf den Geschäftskontext zu transferieren (Abb. 4.5).

Status quo	Minimalismus verändert das Konsumverhalten

- Konsumenten messen dem Besitz materieller Güter weniger Bedeutung bei und widmen sich stattdessen verstärkt immateriellen Aspekten
- Konsumenten reduzieren bewusst ihren Konsum ohne wirtschaftliche Notwendigkeit

Challenge	Auf (wenig) Wesentliches fokussieren

- Reduktion auf wesentliche Features mit klarem kundenzentrierten Fokus auf Qualität sowie Sinnhaftigkeit (z. B. Langlebigkeit durch hochwertige Produktverarbeitung)

To-do	Vereinfachung mit Nachhaltigkeit verbinden

allgemein
- Kritische Reflexion des eigenen (Produkt-)Portfolios
- Einfach und klar auftreten (z. B. Visualisierung, Design, Kommunikation)
- (Be-)Nutzen (statt Besitzen) und Notwendigkeit gezielt herausarbeiten

speziell
- Entwicklung von zeitlosen „Klassikern" (z. B. mit Lebenszeitgarantie)
- Entwicklung von Serviceangeboten zur Steigerung der Nachhaltigkeit (z. B. Reparaturdienstleistungen, Entrümpelungsservices)

Abb. 4.5 Minimalismus – In a Nutshell. (Quelle: eigene Darstellung)

Literatur

Etzioni, A. (1998). Voluntary simplicity: Characterization, select psychological implications, and societal consequences. *Journal of Economic Psychology, 19*(5), 619–643.

Graig-Lees, M., & Hill, C. (2002). Understanding voluntary simplifiers. *Psychology & Marketing, 19*(2), 187–210.

Hwang, C., Lee, Y., Diddi, S., & Karpova, E. (2016). "Don't buy this jacket": Consumer reaction toward anti-consumption apparel advertisement. *Journal of Fashion Marketing and Management: An International Journal, 20*(4), 435–452.

Inglehart, R. (1998). *Modernisierung und Postmodernisierung. Kultureller, wirtschaftlicher und politischer Wandel in 43 Gesellschaften*. Frankfurt a. M.: Campus.

Kevdes, J. (2016). Phänomen „buy me once" – Kauf mich nur einmal, Süddeutsche Zeitung SZ.de. http://www.sueddeutsche.de/stil/phaenomen-buy-me-once-kauf-mich-nur-einmal-1.2913119 (download 12. Januar 2017).

Lutz, M. A. (2001). Book review to Amiti Etzioni „Essays in Socio-Economics". *Journal of Economic Psychology, 22*, 283–287.

Literatur

o. V. (2018). Slogometer 2017. https://www.slogans.de/slogometer.php?Year=2017 (download 16. Januar 2018).

Peyer, M., Balderjahn, I., Seegebarth, B., & Klemm, A. (2017). The role of sustainability in profiling voluntary simplifiers. *Journal of Business Research, 70,* 37–43.

Schäfer, S. (2015). Minimalismus: Das einfache Leben – Macht uns diese Sehnsucht zu Helden oder Clowns. *Zeit Wissen Online, 3,* 14.

Shaw, D., & Moraes, C. (2009). Voluntary Simplicity: An exploration of Market interactions. *International Journal of Consumer Studies, 33*(2), 215–223.

Wilke, F. (27. September 2016). Statussymbol Verzicht – Mehr weniger. Süddeutsche Zeitung Online.

Slow Living: Schluss mit High-Speed

Abb. 5.1 Impression Slow Living. (Quelle: eigene Darstellung unter Verwendung von Bildmaterial von Pexels.com)

Immer mehr in immer kürzerer Zeit erreichen zu wollen, symbolisiert den nie endenden Kreislauf aktueller Anforderungen. Angesichts dieser fortwährenden Beschleunigung schenken mehr und mehr Menschen dem Thema (Lebens-) Zeit zunehmend ihre Aufmerksamkeit. Sie konzentrieren sich dabei gezielt auf Langsamkeit und machen **Slow Living** zu ihrer zentralen Lebenseinstellung (Abb. 5.1). Slow Living ist ein übergreifendes Konzept, das alle Lebensbereiche von Arbeit, Freizeit über Familie bis hin zu Gesellschaft tangiert.

5.1 Mehr Langsamkeit im Alltag

Technische und wirtschaftliche Entwicklungen versetzen die Menschen in einen Zustand fortwährender Beschleunigung. Forderungen nach schnellen, effizienten, rentablen Lösungen begegnen uns allerorts und jederzeit (Rosa 2012). Wir leben zunehmend in einer Zeit der Norm gewordenen **Unverzüglichkeit**. Konsequenzen des rasanten Tempos zeigen sich auf wirtschaftlicher, sozialer und ökologischer Ebene. Hochgeschwindigkeit existiert nicht nur in Bereichen wie Transport, Verkehr und Kommunikation. Auch schnelle (Konsum-)Entscheidungen sind scheinbar unerlässlich, um beispielsweise an limitierten Editionen oder einmaligen Ereignissen teilhaben zu können. Um nichts mehr zu verpassen, haben Konsumenten deshalb permanentes Online-Sein verinnerlicht und betrachten eine 24/7-Erreichbarkeit im Privaten wie im Businesssektor als Selbstverständlichkeit.

Doch in den letzten Jahren formiert sich zunehmend Widerstand gegen dieses Diktat der Dringlichkeit. Nicht nur Wissenschaftler verschiedener Fachrichtungen (z. B. Genevieve Azam, Wirtschaftswissenschaften oder Hartmut Rosa, Soziologie) widmen sich dem Thema Ökonomisierung der Zeit und der Bedeutung von Entschleunigung. Dass Langsamkeit (engl. slowness bzw. slow) als Lebensstil (Slow Living) immer mehr ihr Potenzial entfaltet, beweisen auch eigens diesem Thema gewidmete Publikumszeitschriften (z. B. seit 03/2013 das Magazin „slowly veggie", seit 02/2014 das Magazin „Slow Food", seit 05/2014 das Magazin „emotion SLOW"). Zudem breitet sich die zunächst auf den Food-Sektor fokussierte Slow-Bewegung (z. B. Pietrykowski 2004) seit nunmehr drei Dekaden kontinuierlich auf andere Lebensbereiche wie Tourismus (z. B. Hatipoglu 2015), Mode und Fashion (z. B. Fletcher 2010) oder Journalismus (z. B. Gess 2012) aus. Gemäß Shaw (2001) setzen immer mehr Personen ein erfülltes Leben mit einem entschleunigten Leben gleich, weswegen auch die Entscheider in Unternehmen dem Lebensstil zunehmend Beachtung schenken.

5.2 Slow: Entschleunigt konsumieren und achtsam genießen

Slow Living als Form der Zurückweisung eines bestehenden Hochgeschwindigkeitsdenkens ist keineswegs ein neues Phänomen. Tatsächlich koexistieren Schnelligkeit und Langsamkeit in der Moderne, wenngleich sich die damit verbundene Bedeutung gewandelt hat (Parkins 2004). Mit jeder **technologischen Entwicklung** beschleunigten sich Prozesse (z. B. Produktion, Kommunikation, Transport), sodass das Leben früherer Generationen im Rückblick vergleichsweise langsam erscheint. Beispielsweise ermöglicht die digitale Vernetzung bislang unbekanntes Tempo, wodurch die (frühere) Langsamkeit stärker ins Bewusstsein rückt (Stein und Barmeyer 2015).

Das Slow-Living-Konzept als Lebensstil entwickelte sich aus der **Slow-Food**-Bewegung heraus, die in den 1980er Jahren in Italien als kritische Antwort auf die postmoderne (Fast-Food-)Kultur entstand (Parkins und Craig 2006). Die Slow-Food-Initiatoren protestierten gegen die Konsequenzen der Globalisierung, die für sie in der fortschreitenden **McDonaldisierung** sichtbar wurden (Sassatelli und Davolio 2010). Sie setzten Fast Food mit Schnelligkeit, Geldgier, gleichförmigen Produkten und Services sowie den negativen (z. B. sozialen, umweltpolitischen) Folgen der Globalisierung gleich und wählten mit dem Slow-Food-Ansatz ein radikal gegensätzliches Konzept in Form von bewusst langsamer Nahrungsaufnahme, die primär auf Genuss und geselligem Verbundensein basiert (Abb. 5.2). Als Slow Food kommen ausschließlich lokale und nachhaltig erwirtschaftete Lebensmittel zum Einsatz, die ursprünglich/natürlich schmecken und gesund sind. Der

Fast Food McDonalisierung		Slow Food Guerilla-Gastronomie	Slow Living
– Schnelligkeit		– Langsamkeit & Ruhe	Balance
– Gier & Habsucht		– Lokalität & Nachhaltigkeit	
– Homogenität & Gleichförmigkeit	vs.	– Heterogenität & Authentizität	Echtheit
– Negative Folgen der Globalisierung (z. B. auf Umwelt, Gesellschaft)		– Geschmack & Genuss	
		– Freude & Gesundheit	Verbindung
		– Kontakt & Gemeinschaft	

Abb. 5.2 Vom Fast Food zum Slow Living. (Quelle: eigene Darstellung)

Aspekt der Nachhaltigkeit wurde dabei nicht nur auf die Lebensmittel, sondern auch auf das Konzept des gemeinsamen Essens im Sinne von Teilen und Gastfreundschaft gelegt (Tam 2008). Wenngleich sich die Slow-Food-Bewegung seit nunmehr 30 Jahren von Italien aus beständig und global ausbreitet, galt ihr Anfang in der Lebensmittelindustrie als radikal unkonventionell, weswegen man bisweilen auch von „Guerilla-Gastronomie" spricht (Parkins 2004).

Die Slow-Food-Bewegung ist der Auslöser der gelebten Langsamkeit. Seither greift das Konzept auf mehr und mehr Lebensbereiche (z. B. Slow Travel, Slow City, Slow Marketing) über und entwickelt sich zu einem Gesamtkonzept (Slow Living), das die zentralen Beweggründe der Ursprungsbewegung übernommen hat. Die Slow-(Living-)Bewegung folgt dem übergeordneten Ziel einer (individuell) **erfüllten Lebensführung** mit Blick auf einen (gesellschaftlichen) Wandel hin zu einem wertvolleren Leben (z. B. Han Ergüven 2014). Für Anhänger der Bewegung liegen diesem Ziel die drei aus der Slow-Food-Bewegung ableitbaren Motive Balance, Echtheit und Verbindung zugrunde (Abb. 5.3). Unter **Balance** summiert sich der Wunsch nach

Ziel	**Erfülltes Leben**		
Motiv	**Balance**	**Echtheit**	**Verbindung**
Wunsch nach ...	... Ausgleich von (bislang unerfüllt gelebten) Gegensätzen wie schnell vs. langsam, laut vs. still, modern vs. traditionell	... verlässlicher Übereinstimmung zwischen Tatsache und Darstellung zur Schaffung von (z. B. menschlicher, geistiger) Tiefe	... gemeinschaftlichem Zusammenhalt Gleichgesinnter mit Blick auf gegenseitige Unterstützung und Solidarität

Slow Living
gezielte Langsamkeit im Alltag

aufmerksames Zeit-Erleben
bewusstes Zeit-Nehmen

Entschleunigter Konsum

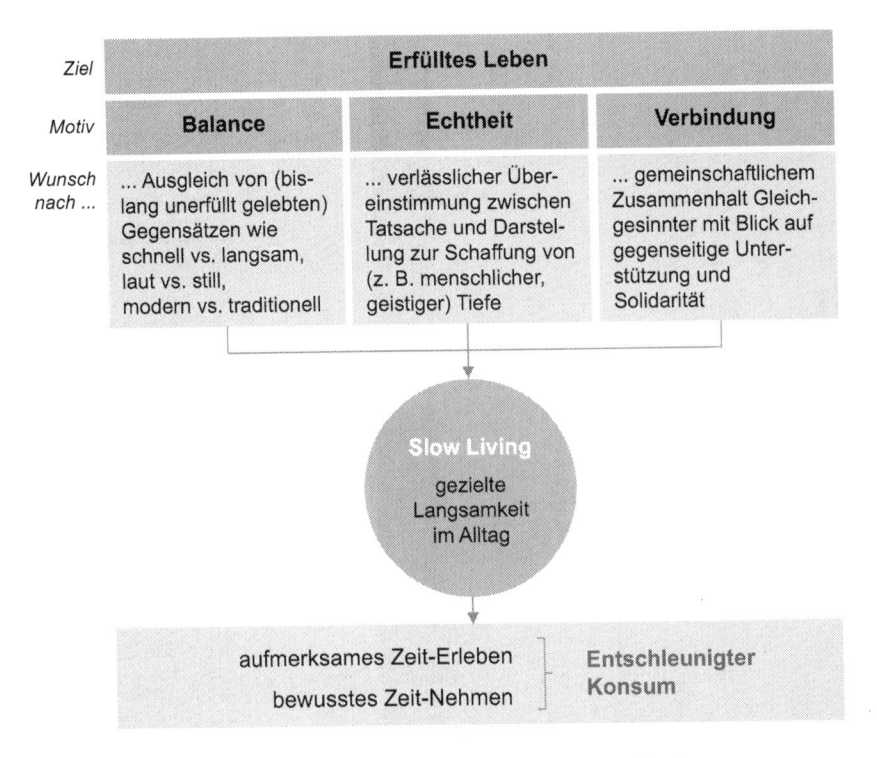

Abb. 5.3 Charakteristika des Slow Livings. (Quelle: eigene Darstellung)

Ausgleich von (bislang) unzureichend gewürdigten Aspekten im Leben. Wer bislang beispielsweise auf ein extrem schnelllebiges (Arbeits-)Leben blickt, erlebt den inneren Wunsch nach einem weniger rasanten (Lebens-)Tempo. Das Bedürfnis nach **Echtheit** ist eng verbunden mit der Sehnsucht nach echter Tiefe als Resultat der wahren Darstellung einer realen Situation. Kommunizieren Unternehmen beispielsweise die Nachhaltigkeit ihrer Produkte, muss deren nachhaltiger Nutzen tatsächlich vorhanden bzw. objektiv messbar sein. Im Hinblick auf **Verbindung** steht der Wunsch nach Solidarität im Zentrum, der Gemeinschaft und Austausch sowie gegenseitige Unterstützung impliziert. Hierunter lässt sich neben Respekt und Mitgefühl gegenüber anderen Menschen beispielsweise auch die Verbundenheit zur Natur oder zu Tieren summieren. Letztlich verkörpert Slow Living eine Lebenseinstellung, die sich darin manifestiert, sich um andere(s) zu kümmern, anstatt sie oder es zu ignorieren (Tam 2008).

Die Slow-Living-Bewegung vereint sowohl den Wunsch nach als auch die Umsetzung von Langsamkeit in verschiedenen Lebensbereichen (z. B. Freizeit, Arbeitsleben, Familie, Gesellschaft) durch eine konsequent umgestaltete Zeiteinteilung und die bewusste Integration von Langsamkeit im Alltag (Parkins 2004). Slow Living ist weder die Slowmotion-Version des modernen Lebens, noch bietet das Konzept eine langsame, isolierte Parallelwelt zum hektischen Alltag. Slow Living erfordert vielmehr die bewusste Differenzierung der Zeit im gelebten Alltag mit der Maßgabe des aufmerksamen Zeit-Erlebens sowie des bewussten Sich-Zeit-Nehmens (Parkins 2004). Dem Thema Zeit mehr Bedeutung zukommen zu lassen, impliziert häufig eine aktive Änderung bisheriger Lebenspraktiken (z. B. an einem ruhigeren Ort wohnen, sich ausreichend Zeit für die Bearbeitung von Aufgaben nehmen) und die Akzeptanz, dass insgesamt zwar weniger, dafür aber (individuell) prioritäre Aufgaben erledigt werden. Nicht zuletzt resultiert dies in einem **entschleunigten Konsum,** d. h. verlangsamten Konsumaktivitäten. Dies hat zur Folge, dass Anhänger des Slow-Lebensstils insgesamt weniger Zeit für den Konsum aufwenden (d. h. seltener konsumieren) und in gleicher Zeit langsamer agieren (d. h. weniger konsumieren).

5.3 Konsequenzen des entschleunigten Konsums für Unternehmen

Auch wenn die technologische Entwicklung uns vermeintlich erlaubt, an mehreren Orten gleichzeitig zu agieren (z. B. im Web-Chat mit einem Freund und wartend in der Kundenschlange am Postschalter), ist ein bewusstes Erleben im Multitasking-Modus nicht möglich (Schwencke 2010). Während für viele Personen, in einer Warteschlage festzustecken, sinnlose Zeitverschwendung bedeutet, die es mit anderen Aktivitäten (wie Nachrichten oder E-Mails beantworten) auszufüllen gilt,

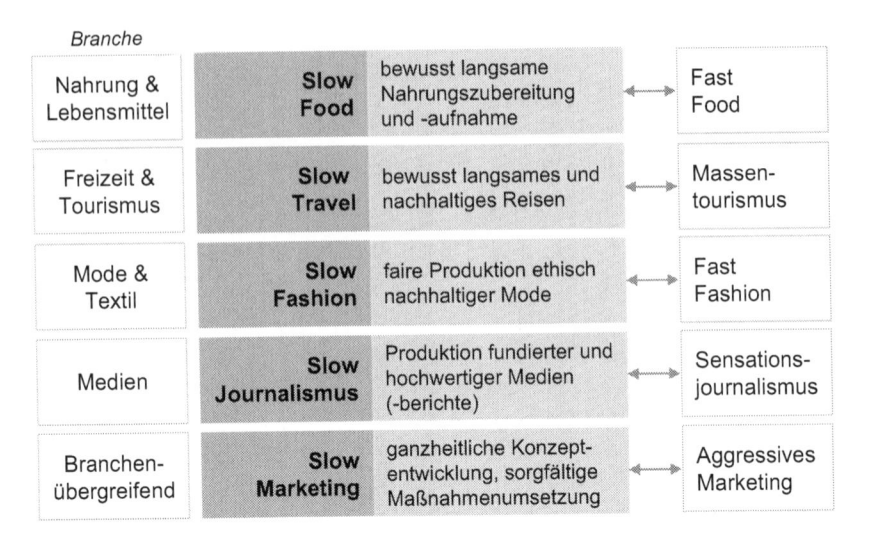

Branche			
Nahrung & Lebensmittel	**Slow Food**	bewusst langsame Nahrungszubereitung und -aufnahme	Fast Food
Freizeit & Tourismus	**Slow Travel**	bewusst langsames und nachhaltiges Reisen	Massentourismus
Mode & Textil	**Slow Fashion**	faire Produktion ethisch nachhaltiger Mode	Fast Fashion
Medien	**Slow Journalismus**	Produktion fundierter und hochwertiger Medien(-berichte)	Sensationsjournalismus
Branchenübergreifend	**Slow Marketing**	ganzheitliche Konzeptentwicklung, sorgfältige Maßnahmenumsetzung	Aggressives Marketing

Abb. 5.4 Beispielhafte Slow-Ansätze verschiedener Branchen. (Quelle: eigene Darstellung)

erleben Anhänger der Slow-Bewegung diese gebremste Fortbewegung als willkommene Entschleunigung ihres Alltags. Ihr entschleunigter Konsum mit Fokus darauf, sich bewusst Zeit dafür zu nehmen, stellt Unternehmen vor die Herausforderung, entsprechende entschleunigende bzw. entschleunigte Produkte und Services anzubieten und ein beruhigendes (Kauf-)Erlebnis zu kreieren. Der Blick in die Praxis zeigt, dass sich der Slow-Ansatz in den verschiedensten Lebensbereichen und **Branchen** (z. B. Freizeit, Mode und Medien) umsetzen lässt (Abb. 5.4).

- **Slow Food** – als Gegenentwurf zum Fast Food – umfasst die umweltschonende Verwertung qualitativ erstklassiger, geschmackvoller und gesunder Lebensmittel sowie deren bewussten Genuss durch die Wertschätzung kultureller Besonderheiten der Nahrung (z. B. Leitch 2003; van Bommel und Spicer 2015). Beispiel: (entschleunigtes) Kocherlebnis (mit Zutaten aus eigenem Anbau) mit anschließender ausgedehnter Mahlzeit (gemeinsam mit Familie/Freunden)
- **Slow Travel** (auch Slow Tourismus) – als Gegenentwurf zum Massentourismus – setzt auf bewusst langsame Fortbewegung bzw. Reisegeschwindigkeit, die durch ihre Entschleunigung meist auch weniger umweltbelastend ist (z. B. Dickinson et al. 2011; Kieran 2013). Basierend auf der Erkenntnis, dass der Weg das Ziel ist, werden unmotorisierte Verkehrsmittel sowie kurze Reisedistanzen bevorzugt. In enger Verbindung zur entschleunigten Fortbewegung setzt das Konzept der **Slow City** (auch CittàSlow) – als

Gegenentwurf zur Homogenisierung von Stadtbildern – an, das sich mit nachhaltiger Stadtentwicklung zur Verbesserung der Lebensqualität für Bewohner und Besucher interpretieren lässt (z. B. Nilsson et al. 2011; Pink 2007). Beispiel: (entschleunigte) Fortbewegung zu Fuß oder per Fahrrad (generell: Laufen/Wandern hat Vorrang vor Fahren, unmotorisiertes Fahren hat Vorrang vor motorisiertem Fahren), Fahrt mit einem Heißluftballon

- **Slow Fashion** – als Gegenentwurf zu Fast Fashion – fußt auf der Forderung nach ethisch nachhaltiger Mode, die unter fairen Bedingungen für alle Beteiligten produziert wird und eher klassische Designs als kurzfristige Modetrends aufgreift (z. B. Hyunsook et al. 2013; Pookulangara und Shephard 2013). An dieser Stelle sei auch die **Slow-Retail**-Initiative (vgl. www.slowretail.com) erwähnt, die auf die Individualität des Einzelhandels setzt und damit der Gleichförmigkeit großer (Fast-Fashion-)Labels entgegentritt. Beispiel: nachhaltige, ökologische Modelabels wie *Manomama,* deren Unternehmensphilosophie (langsame) Handarbeit und radikale Regionalität vereint
- **Slow Journalismus** – als Gegenentwurf zum Sensationsjournalismus – verfolgt den Anspruch des investigativen Journalismus, gut recherchierte Beiträge und fundierte Hintergrundinformationen zu liefern (z. B. Gess 2012; Le Masurier 2015). Damit eng in Zusammenhang steht **Slow Media** – als Gegenentwurf zur Darbietung oberflächlicher, minderwertiger und sensationsgetriebener Informationen – mit der Forderung nach mehr Langsamkeit im Gebrauch von Medien und der Nutzung hochwertiger Medienprodukte (z. B. Köhler 2010). Beispiel: Slow-Media-Institut (vgl. http://www.slow-media.net/manifest), Slow Journalism Company (vgl. http://www.slow-journalism.com), Medien mit Fokus auf den langsamen Lebensstil wie das Magazin „emotion SLOW" oder TV-Dokumentationen über Schiffs-/Bahnreisen in Echtzeit
- **Slow Marketing** – als Gegenentwurf zum kurzfristig orientierten, aggressiven Marketing – umfasst den achtsamen Umgang mit Bestehendem sowohl auf Unternehmens- als auch auf Kundenseite sowie die gründliche, ganzheitliche Entwicklung von Ideen und die sorgfältige Umsetzung von (Marketing-)Maßnahmen (z. B. Belz 2010). Für diese Denkweise bedarf es zugegebenermaßen keines neuen Begriffs, werden damit doch Prinzipien des positiven Marketings verfolgt (z. B. Mittelstaedt et al. 2015). Beispiel: (entschleunigte) Kommunikationskampagne des Whiskeyherstellers *Jack Daniels,* die seit 1956 unverändert geblieben ist und deren Kernbotschaft des Sich–Zeit-Nehmens die realen Produktionsbedingungen des Whiskeys in Lychburg, Tennessee (USA) widerspiegelt (Waldherr 1997)

Neben den genannten Ansätzen wird der Slow-Begriff fortwährend auf **weitere Bereiche** übertragen. So finden beispielsweise Slow-Sport-Angebote mehr und mehr Anhänger, da Sportarten wie Yoga, Boule und Wandern ohne Wettbewerbsgedanke oder Leistungsdruck auskommen und den Fokus auf langsame Bewegungsabläufe und (innere) Balance legen. Auch mit dem Slow-Creativity-Ansatz, bei dem man sich bewusst Zeit für das Selbermachen (DIY) und für den Kreativprozess nimmt (z. B. in Form langsam ausgeführter Hobbys wie Stricken oder Gärtnern), ist das Potenzial möglicher Slow-Konzepte vermutlich nicht ausgeschöpft. Deutlich wird allerdings bei allen Konzepten, dass die Slow-Bewegung an der langfristigen Fortführung des Bestehenden interessiert ist (Parkins und Craig 2011).

Während einige Slow-Ansätze (z. B. Slow Food, Slow Travel und Slow Fashion) Konsumenten eher im privaten **Lebensbereich** tangieren, berühren andere (z. B. Slow Journalismus) sie eher in beruflicher Hinsicht (z. B. als Journalist). Für Unternehmen ist diese Einteilung insofern bedeutsam, als sich ihre Zielgruppen einerseits als unternehmensexterne Kundengruppe und andererseits als unternehmensinterne Mitarbeitergruppe/Geschäftspartner voneinander unterscheiden (Abb. 5.5). Unabhängig davon hat jeder Slow-Ansatz Einflüsse sowohl auf den privaten als auch auf den beruflichen Kontext; z. B. wenn Konsumenten

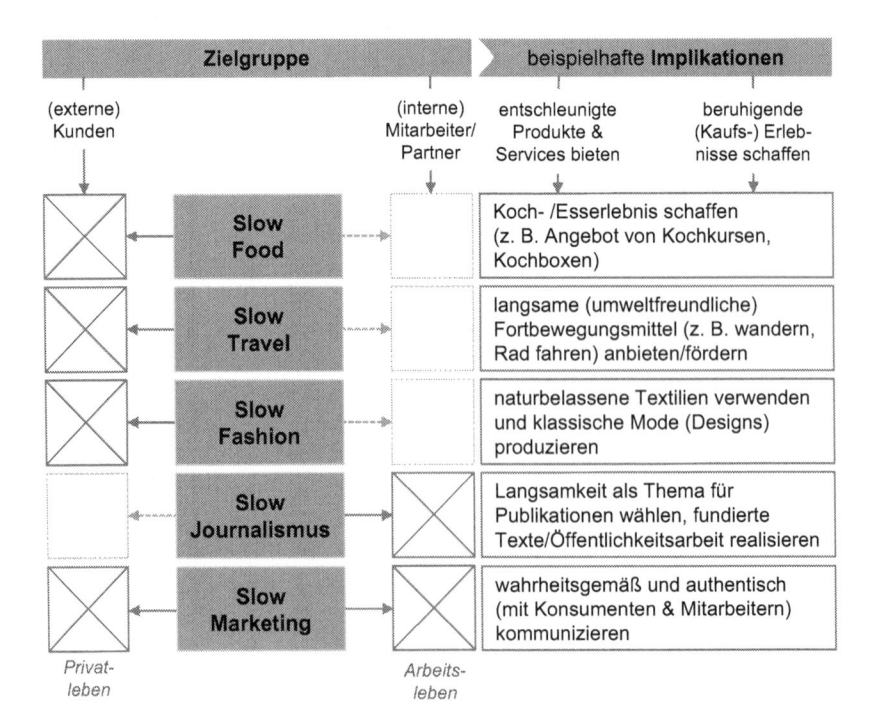

Abb. 5.5 Slow-Ansätze im privaten und beruflichen Kontext. (Quelle: eigene Darstellung)

im beruflichen Kontext Entscheidungen zu den Themen Food (z. B. im Rahmen von Veranstaltungsorganisation), Travel (z. B. im Rahmen von Dienstreisen) oder Fashion (z. B. im Rahmen von Corporate-Fashion-Entscheidungen) treffen, wenn ein Konsument (z. B. Journalist) im Privatleben hochwertige Medien „langsam konsumiert". Der branchenübergreifende Slow-Marketing-Ansatz nimmt diesbezüglich eine Sonderposition ein, da Marketing zwar unternehmensintern „produziert" wird und damit die interne Zielgruppe Mitarbeiter/Partner betrifft, jedoch zumeist eine unternehmensexterne, kundenorientierte Zielbotschaft hat und folglich auf die externe Zielgruppe der Kunden ausgerichtet ist.

Für Unternehmen resultieren daraus zwei übergeordnete **Handlungsoptionen**, um dem Slow-Living-Lebensstil von Kunden und Mitarbeitern bzw. Geschäftspartnern zu begegnen: entschleunigte Produkte und Services anbieten und/oder beruhigende (Einkaufs-)Erlebnisse und Umgebungen schaffen. Diese zentralen Möglichkeiten lassen sich wiederum branchenspezifisch ausgestalten. So zielt beispielsweise das Unternehmen *Kochhaus* mit dem Konzept seiner Kochboxen (bestehend aus einem Rezept zum Nachkochen und dazu passenden frischen regionalen Zutaten) auf das bewusste (entschleunigte) Koch- und anschließende Esserlebnis. Auch *Slow Travel Tours* stellen (langsame) Urlaubsreisen in ruhige und entlegene Gegenden wahlweise mit langsamen Fortbewegungsmitteln (z. B. per Esel) bereit.

Essenz & Take-Home-Message

Schnelligkeit und rasante Dynamik sind charakteristisch für das 21. Jahrhundert. Sofortige Informationen und To-go-Produkte sind allgegenwärtig und der Anspruch vieler Konsumenten. Doch fortwährende Beschleunigung sorgt für (innere) Unruhe, die mehr und mehr Menschen mit einem langsamen Lebensstil auszugleichen versuchen. Die (Wieder-)**Entdeckung der Langsamkeit** spiegelt sich nicht zuletzt auch im Erfolg des gleichnamigen Bestsellers von Stan Nadolny (1983) wider, der seit seinem Erscheinen im Jahr 1983 unterdessen seine 47. Auflage erreicht hat. Slow Living ist als Lebenskonzept zu verstehen, reflektiert mit dem Thema Zeit umzugehen und Langsamkeit bewusst in den Alltag einzubauen, sei es im Privaten (z. B. beim Slow Sport wie Yoga, der bewusste, langsam ausgeführte Übungen erfordert) oder sei es im Geschäftlichen (z. B. durch Slow Marketing, das „achtsam mit dem Bestehenden in Unternehmen und bei Kunden umgeht", Belz 2010, S. 18). Für Unternehmen besteht die Herausforderung darin, Langsamkeit für Konsumenten spürbar zu machen, ohne damit Rückständigkeit und Untätigkeit zu suggerieren (Abb. 5.6).

Status quo	Slow Living verändert das Konsumverhalten
– Konsumenten entschleunigen ihr Leben, indem sie dem Zeit-Erleben und dem Sich-Zeit-Nehmen besondere Beachtung schenken – Konsumenten verlangsamen ihre Konsumaktivitäten	
Challenge	Entschleunigung und Beruhigung spürbar machen
– Konzeption und Umsetzung „entschleunigter" bzw. „entschleunigender" Produkte und Services – Schaffung beruhigender (Kauf-)Erlebnisse	
To-do	Slow-(Marketing-)Ansatz in Unternehmen integrieren
– Bestehendes nutzen – auf „Passendes" zum Unternehmen (Identität) konzentrieren – Kundenpflege (statt Kundengewinnung) fokussieren – Lösungen gründlich & ganzheitlich entwickeln – Maßnahmen sorgfältig umsetzen – (langfristige) Lernprozesse zulassen	

Abb. 5.6 Slow Living – In a Nutshell. (Quelle: eigene Darstellung)

Literatur

Belz, C. (2010). Slow Marketing, Marke 41, k. Jg., 16–19.
Dickinson, J., Lumsdon, L. M., & Robbins, D. (2011). Slow travel: Issues for tourism and climate change. *Journal of Sustainable Tourism, 19*(3), 281–300.
Fletcher, K. (2010). Slow fashion: An invitation for systems change. *Fashion Practice – The Journal of Design, Creative Process & the Fashion Industry, 2*(2), 259–265.
Gess, H. (2012). Climate change and the possibility of 'slow journalism'. *Ecquid Novi: African Journalism Studies, 33*(1), 54–65.
Han Ergüven, M. (2014). Cittaslow – Die internationale Vereinigung der Lebenswerten Städte. Ein Blick auf die Cittaslowbewegung in der Türkei. *Asos Journal – The Journal of Academic Social Science, 2*(8), 445–453.
Hatipoglu, B. (2015). Cittaslow: Quality of life and visitor experiences. *Journal Planning & Development, 12*(1), 20–36.
Hyunsook, K., Ho, J. C., & Namhee, Y. (2013). The motivational drivers of fast fashion avoidance. *Journal of Fashion Marketing and Management: An International Journal, 17*(2), 243–260.
Kieran, D. (2013). *Slow Travel – Die Kunst des Reisens*. Berlin: Rogner & Bernhard.
Köhler, B. (2010). Slow Media und die knappe Zeit. http://www.slow-media.net/tag/slow-bewegung (download 3. Februar 2017).

Le Masurier, M. (2015). Slow Journalism. An introduction to a new research paradigm. *Journalism Practice, 10*(4), 439–447.
Leitch, A. (2003). Slow food and the politics of pork fat: Italian food and European identity. *Ethnos, 68*(4), 437–462.
Mittelstaedt, J. D., Kilbourne, W. E., & Shultz II, C. J. (2015). Macromarketing approaches to thought development in positive marketing: Two perspectives on a research agenda for positive marketing scholars. *Journal of Business Research, 68*(12), 2513–2516.
Nadolny, S. (1983). *Die Entdeckung der Langsamkeit*. München: Piper.
Nilsson, J. H., Svärd, A.-C., Widarsson, A., & Wirell, T. (2011). 'Cittáslow' eco-gastronomic heritage as a tool for destination development. *Current Issues in Tourism, 14*(4), 373–387.
Parkins, W. (2004). Out of time: Fast subjects and slow living. *Time & Society, 13*(2/3), 363–382.
Parkins, W., & Craig, G. (2006). *Slow living*. Oxford: Berg.
Parkins, W., & Craig, G. (2011). Slow living and the temporalities of sustainable consumption. In T. Lewis & E. Potter (Hrsg.), *Ethical consumption: A critical introduction* (S. 189–201). London: Routledge.
Pietrykowski, B. (2004). You are what you eat: The social economy of the slow food movement. *Review of Social Economy, 62*(3), 307–321.
Pink, S. (2007). Sensing Cittáslow: Slow living and the construction of the sensory city. *The Senses and Society, 2*(1), 59–77.
Pookulangara, S., & Shephard, A. (2013). Slow fashion movement: Understanding consumer perceptions – An exploratory study. *Journal of Retailing and Consumer Services, 20*(2), 200–206.
Rosa, H. (2012). *Weltbeziehungen im Zeitalter der Beschleunigung. Umriss einer neuen Gesellschaftsordnung*. Berlin: Suhrkamp.
Sassatelli, R., & Davolio, F. (2010). Consumption, pleasure and politics. Slow food and the politico-aesthetic problematization of food. *Journal of Consumer Culture, 10*(2), 202–232.
Schwencke, S. (2010). Mythos Multitasking – Die Illusion effizient zu sein. *Ergopraxis, 3*(7/8), 28–30.
Shaw, J. (2001). Winning territory, changing place to change pace. In J. May & N. Thrift (Hrsg.), *Timespace: Geographies of temporality* (S. 120–132). London: Routledge.
Stein, V., & Barmeyer, C. I. (2015). Von der analogen zur digitalen globalen Vernetzung: Co-Evolution der sozialen Denkmuster, Arbeitspapier zu Personalmanagement und Organisation, 009-2015.
Tam, D. (2008). Slow Journeys. What does it mean to go slow? *Food, Culture & Society, 11*(2), 207–218.
Van Bommel, K., & Spicer, A. (2015). Slow food as a social movement, The Wiley Blackwell Encyclopedia of Consumption and Consumer Studies, 1–2.
Waldherr, G. (1997). Der langsamste Whiskey der Welt. *Zeit-Magazin, 49*, 23–32.

Freecycling: Geschenke unter Fremden

Abb. 6.1 Impression Freecycling. (Quelle: eigene Darstellung unter Verwendung von Bildmaterial von Pexels.com)

For Free! Gratis! Kostenlos! In einer auf monetäre Aspekte ausgerichteten Zeit sind echte Geschenke selten und zumeist auf den Freundeskreis beschränkt. Wenn Fremde untereinander materielle Dinge weitergeben, ohne dafür eine finanzielle Gegenleistung zu erwarten, verbirgt sich dahinter eine unkonventionelle Form des nachhaltigen Konsums: **Freecycling** (Abb. 6.1). Die Freecycling-Community wächst seit über einem Jahrzehnt zu einem erstaunlichen „Geschenk-Netzwerk", das auf den Grundwerten Reziprozität, Identität und Solidarität fußt.

6.1 Fortwährende Weitergabe materieller Güter

Kostenlos! Kostenlose Software, kostenlose Songs, kostenlose Dinge. Das Internet bietet eine hervorragende Plattform, um Technologien und Güter miteinander zu tauschen. Während der Austausch immaterieller Dinge (z. B. Musik über Sharing-Plattformen wie Napster) nicht verlangt, das **Besitztum** aufzugeben (Giesler 2006), bedeutet der Tausch materieller Produkte, diese tatsächlich physisch abzugeben. Freecycler tun genau das. Sie geben materielle Produkte weiter, und entgegen bestehender Marktmechanismen erfolgt die Weitergabe ohne finanziellen Ausgleich. Freecycling fungiert damit als modernes Konsumgüter-Geschenk-System (Arsel und Dobscha 2011).

In einer Zeit zunehmender Kommerzialisierung schließen sich immer mehr Konsumenten der Freecycler-Initiative an, um nachhaltigen Konsum zu fördern und selbst nachhaltig zu leben. Die Community funktioniert vollkommen ohne Geld und ohne Handel, sondern beruht auf der reinen **Weitergabe materieller Güter** zwischen einem einem Geschenk-Geber und einem Geschenk-Nehmer (Grant 2013). Statt überflüssig gewordene Dinge für wenige Euro (aufwendig) auf lokalen oder Online-Flohmärkten anzubieten, kann man über die Freecycling-Community andere damit glücklich machen. Freecycling fokussiert darauf, den Ressourcenverbrauch zu minimieren und mit wenig Budget auszukommen – zwei Trends, die das Potenzial haben, nicht nur einzelne Personen, sondern eine ganze Generation zu erfassen (Lanchester 2015; Lastovicka et al. 1999). Folglich ist es lohnenswert, sich die Hintergründe dieser unkonventionellen Konsumform näher anzusehen und geeignete Rückschlüsse für Unternehmen zu ziehen.

6.2 Freecycling: Recycling auf freiwilliger Basis

Freecycling ist eine Form des kollaborativen Konsums (kurz: KoKonsum, engl. Collaborative Consumption, kurz: CoConsumption), die der Sharing Economy zuzuordnen ist. **KoKonsum** verkörpert eine soziale Bewegung, die das Tauschen,

6.2 Freecycling: Recycling auf freiwilliger Basis

Leihen, Schenken und Mieten statt Kaufen materieller (z. B. Auto) und immaterieller Dinge (z. B. Musik) zum Ziel hat und dabei zumeist digitale Medien einsetzt (Belk 2014).

Die Freecycling-Community entstand 2003 auf die Initiative von Deron Beal hin und entwickelt sich seither zu einem enormen **„Geschenk-Netzwerk"**. Aus dem unkommerziellen Projekt freecycling.org mit anfänglich 30 Mitgliedern in Tuscus (Arizona, USA) ist eine soziale Bewegung mit über 9 Mio. Freecyclern in ca. 5300 Regionalgruppen weltweit (davon 74 in Deutschland; Stand 01/2018, www.freecycle.org) erwachsen.

Freecycling steht für die freiwillige, unentgeltliche Weitergabe von Gebrauchsgegenständen wie Möbel, Spielzeug und Bücher (Arsel und Dobscha 2011). Mitglieder der Freecycling-Community (Freecycler) können sowohl als Geber als auch als Nehmer eines Gegenstandes auftreten. Freecycler agieren dabei aus vier **Beweggründen** (Nelson et al. 2007), die für den Geber bzw. Nehmer sowohl eigennützige als auch uneigennützige Züge tragen; Entrümpeln und anderen helfen sowie Geld sparen und Umweltschutz (Abb. 6.2). Dem Geber ist insofern geholfen, als er nach dem Entrümpeln nutzbarer Gegenstände wieder Platz hat und gleichzeitig anderen damit helfen kann. Dem Nehmer ist gedient, weil er etwas geschenkt bekommt, was er braucht, ohne etwas dafür zu bezahlen, und gleichzeitig die Umwelt schont. Auf diese Weise entsteht eine Win-win-Situation zwischen den Beteiligten. Beim

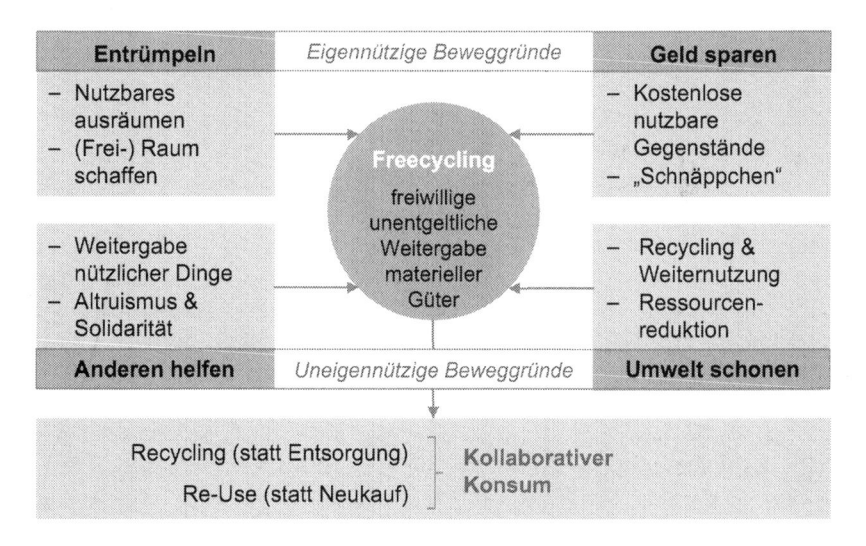

Abb. 6.2 Charakteristika des Freecyclings. (Quelle: eigene Darstellung)

direkten Kontakt zwischen Geber und Nehmer (z. B. bei der Warenübergabe) kommt es oft sogar zu einem Bewusstseinswandel beim Geber. Dann werden eigennützige Beweggründe (Entrümpeln) zu altruistischen Motiven (anderen helfen), die nicht selten zu einer stärkeren Verbundenheit mit der Freecycling-Community führen (Aptekar 2016). Freecycling basiert auf den Aspekten Recycling (statt Entsorgung) auf der Geberseite und Re-Use/Weiterverwendung (statt Neukauf) auf der Nehmerseite. Diese unkonventionelle Form des kollaborativen Konsums ist damit eine sehr konsequente Form des nachhaltigen Konsums, die durch den regionalen Charakter (z. B. kurze Transportwege) verstärkt wird (Eden 2015).

Für das Funktionieren des Systems ist es essentiell, dass es genug Geber gibt und die Nehmer das System nicht ausnutzen. Angesichts unterschiedlicher Motive und Menschentypen ist dies nur über die **Identifikation** der Mitglieder mit dem Freecycling-Konzept erreichbar. Die seit der Gründung kontinuierlich wachsende Mitgliederzahl belegt die tatsächliche Tragfähigkeit von Freecycling. Studien zeigen die tief verwurzelte Identifikation und eine starke Solidarität unter den Freecyclern (Grant 2013; Willer et al. 2012). Demnach verschenken Geber durchschnittlich 21 Dinge. Nehmer sind nicht gezwungen, etwas zu geben, tun dies jedoch mit durchschnittlich neun Gegenständen trotzdem. Insbesondere die Gruppe junger Eltern, die beispielsweise aus finanziellen Gründen von den Geschenken profitiert, fühlt sich dem Weitergeben der nicht mehr benötigten Dinge (z. B. an andere Eltern in ähnlicher Lage) verpflichtet. Denn wenn sie Dinge weiterverschenken, haben sie nicht das Gefühl, etwas Wertvolles zu verlieren. Sie erfüllen vielmehr die Norm wechselseitigen ausgleichenden Austausches, um später erneut kostenlos Dinge von der Community zu bekommen.

Freecycling basiert auf der Psychologie des Schenkens und macht sich das Prinzip der **Reziprozität** zunutze, das als ein Grundprinzip menschlichen Handelns mit Gegenseitigkeit übersetzbar ist (Adloff und Mau 2005; Giesler 2006). Es lassen sich verschiedene Ausprägungen der Reziprozität identifizieren, die von negativer Reziprozität (=Geber erwartet eine sofortige Gegenleistung vom Nehmer) über ausgeglichene Reziprozität (=Geber erwartete irgendeine Gegenleistung vom Nehmer in der Zukunft) bis hin zu generalisierter Reziprozität (=Geber erwartet keine Gegenleistung vom Nehmer) reichen (Abb. 6.3).

Auf diese Weise bestimmt Reziprozität moralische Standards und soziale Solidarität unseres Zusammenlebens und den **Kreislauf** von Geben, Nehmen und (Zurück-)Geben (Nelson und Rademacher 2009; Giesler 2006). Aufgrund der konsequenten Non-Profit-Orientierung lässt sich Freecycling der generalisierten Reziprozität zuordnen, d. h., es rücken Motive abseits kommerzieller Beweggründe in den Vordergrund. Das generalisierte Geben ohne Erwartung auf Ausgleich lässt den Geber die Perspektive des Nehmers einnehmen und weitestgehend uneigennützig handeln. Denn im Gegensatz zu Tauschplattformen treten Freecycler nicht in eine

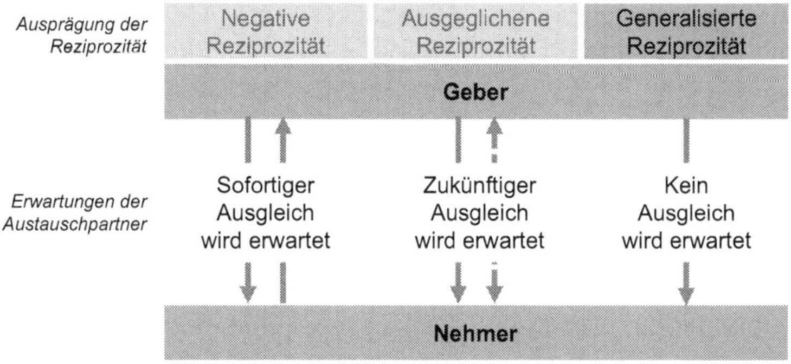

Ausprägung der Reziprozität	Negative Reziprozität	Ausgeglichene Reziprozität	Generalisierte Reziprozität
	Geber		
Erwartungen der Austauschpartner	Sofortiger Ausgleich wird erwartet	Zukünftiger Ausgleich wird erwartet	Kein Ausgleich wird erwartet
	Nehmer		

Abb. 6.3 Formen der Reziprozität. (Quelle: eigene Darstellung)

direkte Austauschbeziehung miteinander (Grant 2013). Idealtypisch laufen Weitergaben zwischen Freecyclern wie folgt ab: Person A gibt an Person B, Person B gibt an Person C etc. Wenn Freecycler (Nehmer) mehrere Dinge von verschiedenen Personen erhalten, schreiben sie die Wohltat nicht den einzelnen Gebern zu, sondern der Freecycling-Community als Gruppe. Demnach ist die Gemeinschaft die Quelle des Geschenkes und erhält Dankbarkeit und Wohlwollen des Beschenkten. Dies sorgt dafür, dass sich die Mitglieder allmählich (stärker) mit der Gemeinschaft identifizieren. Was wiederum zur Folge hat, dass großzügigere Gaben eingebracht werden.

6.3 Konsequenzen des kollaborativen Konsums für Unternehmen

Teilen als zentrales Merkmal des kollaborativen Konsums ist für viele Unternehmen unterschiedlichster Branchen bereits ein einträgliches Geschäftsmodell geworden (Sharing Economy). Neben Fahrdiensten (z. B. Uber), Carsharingangeboten (z. B. DriveNow), Übernachtungsmöglichkeiten (z. B. Airbnb) und Gastfreundschaftsnetzwerken (z. B. Couchsurfing) entstehen Verleihplattformen (z. B. LeihDirWas), die als unternehmerisches Konzept **Benutzen statt Besitzen** propagieren. Statistiken zeigen, dass insbesondere die jungen Konsumenten (bis 30 Jahre) solchen Konzepten gegenüber aufgeschlossen sind und davon verstärkt Gebrauch machen (Statista 2014). Wenngleich die Sharing Economy nicht unkritisch geblieben ist (z. B. Slee 2016), lassen sich für Unternehmen zwei Zielstellungen daraus ableiten:

- **Produkte gemeinsam nutzbar machen:** Angesichts rasanter Veränderungen im Privat- und Geschäftsleben wird der Planungshorizont von Entscheidungen immer kürzer (Matzler et al. 2016). Für Konsumenten sind daher langfristig bindende Konsumentscheidungen immer seltener interessant. Es sei denn, sie bieten ausreichend hohe Flexibilität beispielsweise durch übertragbare/gemeinsame Nutzung (z. B. das Tageszeitungsabonnement ist im Urlaub unkompliziert auf den Nachbarn übertragbar).

- **Konsumenten aktiv einbeziehen:** Privatpersonen werden zunehmend zu (autonomen) Kleinunternehmern, indem sie beispielsweise Zimmer vermieten oder Mitfahrten anbieten. Immer mehr Personen treffen eigene (unbeeinflusste) Konsum-/Geschäftsentscheidungen, was sich in einer steigenden Verbrauchermacht widerspiegelt (Hoffmann und Hutter 2012). Dies verlangt von Unternehmen eine aktivere Einbindung der Konsumenten in das Wirtschaftsgeschehen.

Während Unternehmen der Sharing Economy den Ansatz des Teilens als Geschäftsmodell aus kommerziellen Gründen nutzen, verfolgt das Freecycling-Konzept keinerlei monetäre Gewinnabsicht. Dennoch lässt sich die Grundannahme des Freecycling-Konzeptes „Was für den einen wertlos erscheint, kann für den anderen sehr nützlich sein" auch auf den Unternehmenskontext übertragen. Eine sogenannte **Corporate Givebox** (Abb. 6.4) erlaubt es beispielsweise Mitarbeitern, Gegenstände untereinander zu verschenken, indem sie Dinge, die sie selbst nicht mehr benötigen, für ihre Kollegen in der Box platzieren. Ein zentral zugängliches Regal mit einer

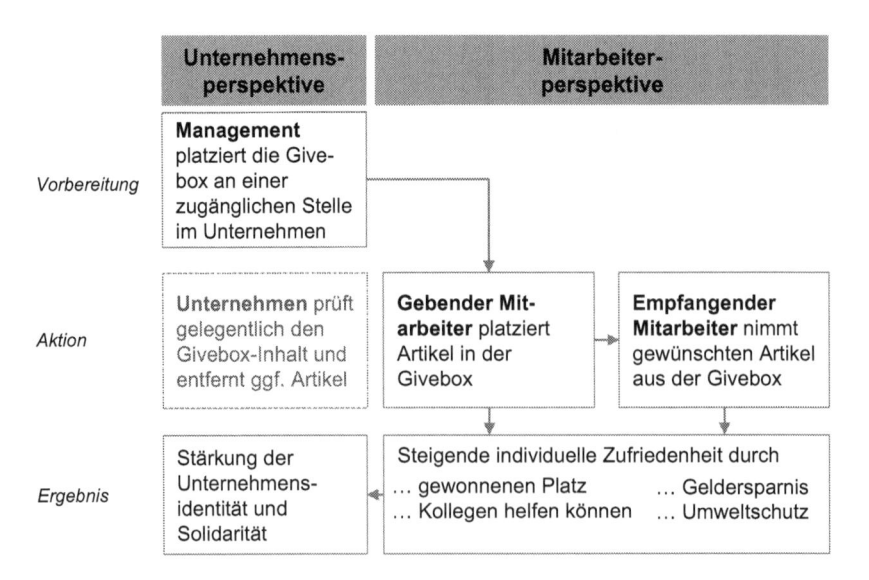

	Unternehmensperspektive	**Mitarbeiterperspektive**	
Vorbereitung	Management platziert die Givebox an einer zugänglichen Stelle im Unternehmen		
Aktion	Unternehmen prüft gelegentlich den Givebox-Inhalt und entfernt ggf. Artikel	Gebender Mitarbeiter platziert Artikel in der Givebox	Empfangender Mitarbeiter nimmt gewünschten Artikel aus der Givebox
Ergebnis	Stärkung der Unternehmensidentität und Solidarität	Steigende individuelle Zufriedenheit durch ... gewonnenen Platz ... Geldersparnis ... Kollegen helfen können ... Umweltschutz	

Abb. 6.4 Konzept der Corporate Givebox. (Quelle: eigene Darstellung)

6.3 Konsequenzen des kollaborativen Konsums für Unternehmen

Status quo Freecycling verändert das Konsumverhalten
- Konsumenten betrachten eine nicht-profit-orientierte Weitergabe materieller Güter als mögliche Alternative zur Kommerzialisierung
- Immer mehr Konsumenten geben materielle Güter aus eigennützigen und uneigennützigen Motiven weiter

Challenge Gemeinsamkeit und Interaktion schaffen
- Entwicklung eines Non-Profit-Konzeptes, das die Flexibilität einer gemeinsamen Produktnutzung und eine gezielte Interaktion von/mit Konsumenten vereint

To-do Umsetzung eines (non-profit)KoKonsum-Ansatzes

unternehmensextern
- z. B. Entwicklung eines glaubwürdigen auf „Teilen" basierenden Geschäftsmodells (Sharing Economy) mit sozialer/gesellschaftlicher Ausrichtung

unternehmensintern
- z. B. Integration einer Corporate Givebox

Abb. 6.5 Freecycling – In a Nutshell. (Quelle: eigene Darstellung)

kurzen Erläuterung des Givebox-Konzeptes genügt und kann einerseits dazu beitragen, die individuelle Zufriedenheit der Mitarbeiter zu fördern und andererseits die Bindung zum Unternehmen zu stärken. Während sich der Geber über den wiedergewonnenen Freiraum und das Gefühl, etwas Gutes getan zu haben, freut, erhält der Nehmer kostenlos einen für ihn nützlichen Gegenstand, der aufgrund der Weiternutzung (statt Entsorgung) die Umwelt nicht belastet. Die Wirkung dieser solidarischen Austauschbeziehung überträgt sich bestenfalls auf die Identifikation mit dem gesamten Unternehmen und fördert das Zusammengehörigkeitsgefühl.

Essenz & Take-Home-Message

„Freecycling ist eine äußerst konsequente Form des nachhaltigen Konsums basierend auf einer Online-Community". Aus technischer Sicht funktioniert die Freecycling-Community als simpler regionaler E-Mail-Verteiler. Aus ökologischer Sicht jedoch hat Freecycling die Stärke, den Recycling- & Re-Use-Gedanken großflächig umzusetzen. Aus gesellschaftlicher Sicht erzeugt Freecycling sogar eine identitätsstiftende Wirkung und **Solidarität** unter den Beteiligten.

Aggressive Marketing-Strategien suggerierten zunehmend eine pure Profitorientierung der Unternehmen auf Kosten der Konsumenten und der Gesellschaft (Petrus und Adamek 1988). Aus Konsumentensicht ist Freecycling eine soziale Bewegung, die einen möglichen Ausweg bietet; mit dem Ziel des **Wohlbefindens** auf individueller und gesellschaftlicher Ebene (Hutter et al. 2016). Aus Unternehmenssicht erscheint die strikte Non-Profit-Ausrichtung des Freecycling-Ansatzes zunächst uninteressant, wenngleich er damit die Wurzeln des kollaborativen Konsums repräsentiert (Botsman und Rogers 2010). Jedoch können Unternehmen das Konzept des Freecyclings auch unternehmensintern (z. B. in Form der Corporate Givebox) umsetzen (Abb. 6.5).

Literatur

Adloff, F., & Mau, S. (2005). *Vom Geben und Nehmen. Zur Soziologie der Reziprozität*. Frankfurt a. M.: Campus.

Aptekar, S. (2016). Gifts among strangers: The social organization of freecycle giving social problems. *Social Problems, 63*(2), 266–283.

Arsel, Z., & Dobscha, S. (2011). Hybrid pro-social exchange systems: The case of freecycle. In A. Rohini Ahluwalia, C. L. Tanya, & K. R. Rebecca (Hrsg.), *NA – Advances in consumer research* (Bd. 39, S. 66–67). Duluth: Association for Consumer Research.

Belk, R. (2014). You are what you can access: Sharing and collaborative consumption online. *Journal of Business Research, 67*(8), 1595–1600.

Botsman, R., & Rogers, R. (2010). *What's mine is yours: The rise of collaborative consumption*. London: Harper Collins.

Eden, S. (2015). Blurring the boundaries: Prosumption, circularity and online sustainable consumption through Freecycle. *Journal of Consumer Culture, 0*(0), 1–21.

Giesler, M. (2006). Consumer gift systems. *Journal of Consumer Research, 33*(September), 283–290.

Grant, A. (2013). *Geben und Nehmen: erfolgreich sein zum Vorteil aller*. München: Droemer.

Hoffmann, S., & Hutter, K. (2012). Carrotmob as a new form of ethical consumption. The nature of the concept and avenues for future research. *Journal of Consumer Policy, 35*(2), 215–236.

Hutter, K., Mai, R., & Hoffmann, S. (2016). Carrotmob: A win–win–win approach to creating benefits for consumers, business, and society at large. *Journal of Business & Society, 55*(7), 1059–1077.

Lanchester, J. (2015). *Die Sprache des Geldes: Und warum wir sie nicht verstehen (sollen)*. Stuttgart: Klett.

Lastovicka, J. L., Bettencourt, L. A., Hughner, R. S., & Kuntze, R. J. (1999). Lifestyle of the tight and frugal: Theory and measurement. *Journal of Consumer Research, 26*(1), 85–98.

Matzler, K., Veider, V., & Kathan, W. (2016). Collaborative Consumption: Teilen statt Besitzen, Wie Unternehmen das Phänomen der Sharing Economy für sich nutzen können. In P. Granig, E. Hartlieb, & D. Lingenhel (Hrsg.), *Geschäftsmodellinnovationen – Vom Trend zum Geschäftsmodell*. Wiesbaden: Springer Gabler.

Nelson, M. R., Rademacher, M. A., & Paek, H. J. (2007). Downshifting Consumer = Upshifting Citizen? An Examination of a Local Freecycle Community. *Annals of the American Academy of Political and Social Science, 611*(1), 141–156.

Nelson, M. R., & Rademacher, M. A. (2009). From trash to treasure: Freecycle.Org as a case of generalized reciprocity. In A. L. McGill & S. Shavitt (Hrsg.), *Advances in consumer research* (Bd. 36, S. 905). Duluth: Association for Consumer Research.

Petrus, G., & Adamek, R. J. (1988). Taking the role of the other: An aid to marketing applied sociology. *Teaching Sociology, 16*(1), 25–33.

Slee, T. (2016). *Deins ist Meins, Die unbequemen Wahrheiten der Sharing Economy*. München: Kunstmann.

Statista. (2014). Haben Sie dieses Share Economy Angebot schon einmal genutzt? (nach Alter). https://de.statista.com/statistik/daten/studie/330247/umfrage/welche-angebote-aus-der-share-economy-die-deutschen-nutzen/ (download 8. Dezember 2016).

Willer, R., Flynn, F. J., & Zak, S. (2012). Structure, identity and solidarity: A comparative field study of direct and generalized exchange. *Administrative Science Quarterly, 57*, 119–155.

Precycling: Bevor Müll entsteht 7

Abb. 7.1 Impression Precycling. (Quelle: eigene Darstellung unter Verwendung von Bildmaterial von Pexels.com)

Ein (Konsum-)Leben ohne (Verpackungs-)Müll zu führen, wird für mehr und mehr Konsumenten zum Lebensstil (Abb. 7.1). Die sogenannte Zero-Waste-Bewegung (auch bekannt unter dem Begriff **Pre**cycling) vermeidet Müll, bevor er überhaupt entsteht, und ist damit die konsequente Weiterentwicklung von Nachhaltigkeitskonzepten wie **Re**cycling (Wiederverwertung von Abfallprodukten) und **Up**cycling (Aufwertung von Abfallprodukten). **Precycler** konsumieren (möglichst) rückstandslos, indem sie beim Einkauf insbesondere Verpackungsmüll strikt ablehnen oder Produkte aus wenigen, natürlichen Grundsubstanzen selbst herstellen.

7.1 Konsequentes Vermeiden von Müll

Konsumenten werden zunehmend sensibler für gesellschaftliche Themen und entwickeln nachhaltige Lebensstile, die sich insbesondere auf ihr Konsumverhalten auswirken (Hutter et al. 2016). Mit Blick auf die Nachhaltigkeit lässt sich ein interessantes Phänomen identifizieren, das das Potenzial hat, eines der zentralen Themen für die Zukunft zu werden: **Zero Waste**. Dahinter steht die Idee, erst gar keinen Müll entstehen zu lassen, statt zu recyceln und wiederzuverwenden. Während in den 1990er und 2000er Jahren das Thema Recycling und später Upcycling große Aufmerksamkeit erhielt, wird aktuell das sogenannte Precycling propagiert; die möglichst vollständige Vermeidung von Müll (Greyson 2007). Zero Waste ist damit die konsequente Fortführung von Recycling und Upcycling.

Das zunehmende Bewusstsein der Konsumenten zur Müllvermeidung greift auch der deutsche Einzelhandel auf, der sich beispielsweise seit dem 1. Juli 2016 dazu verpflichtet, Plastiktüten nicht mehr kostenlos zur Verfügung zu stellen, um damit den Verbrauch von über 6,1 Mrd. Plastiktüten pro Jahr (das entspricht 76 pro Kopf bzw. 11.700 pro Minute) einzudämmen (Nürnberger 2016). Insbesondere in der Lebensmittelindustrie, die bei Konsumtrends nicht selten eine Vorreiterrolle einnimmt, erlangen derzeit sogenannte „Unverpackt-Läden" – Läden, die verpackungsfreie Ware zum Selbstabfüllen verkaufen – große mediale Aufmerksamkeit und Zuspruch der Konsumenten (Niesen 2016). So eröffnen immer mehr **Unverpackt-Läden,** die alles von Mehl und Reis über Wein und Öl bis hin zu Reinigungsmittel und Waschpulver ohne Verpackung anbieten. Der Konsument wird zum „Selbstabfüller" der gewünschten Menge in bestenfalls selbst mitgebrachten und wiederverwendbaren Dosen und Gläsern. Während 2014 zwei Verpackungsfrei-Läden deutschlandweit (in Kiel und Berlin) eröffneten, kamen 2015 fünf neue Läden hinzu. Ein regelrechter Boom zeigt sich 2016 mit 26 Neueröffnungen, 2017 gibt es sogar 69 Unverpackt-Läden sowie einige Supermärkte, die ein unverpacktes Zusatzangebot haben, bspw. ein Unverpackt-Regal (Abb. 7.2).

7.1 Konsequentes Vermeiden von Müll

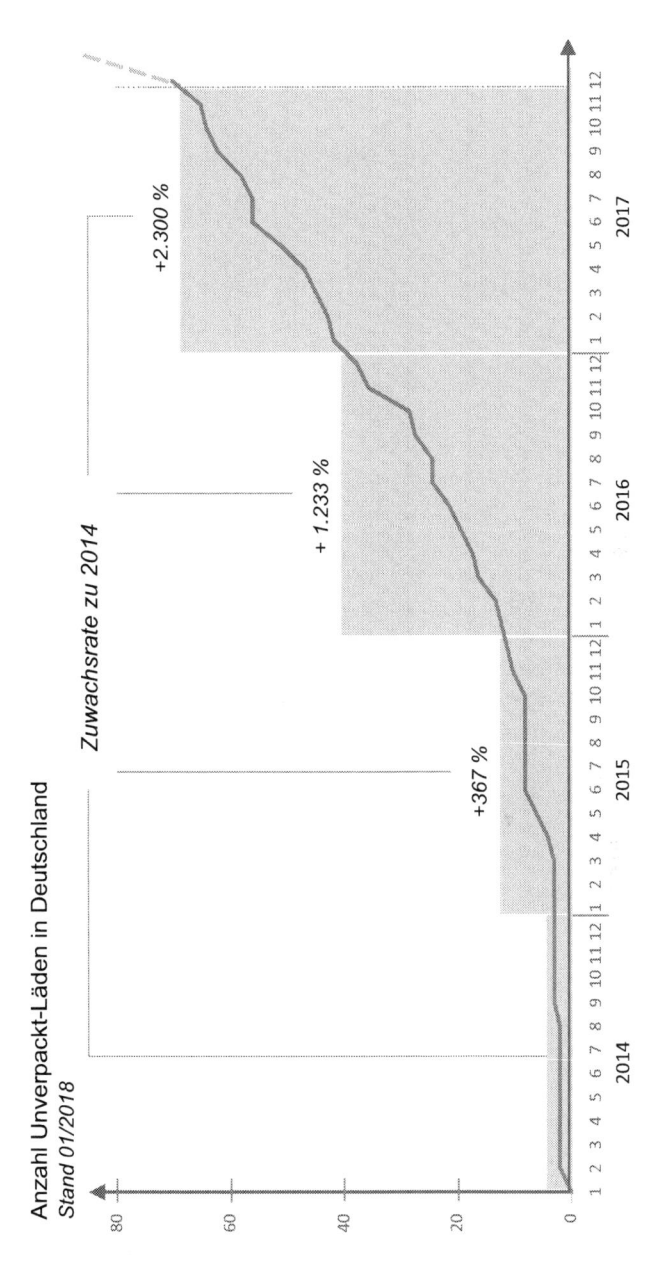

Abb. 7.2 Unverpackt-Läden in Deutschland. (Quelle: eigene Darstellung auf Datenbasis von Bezrogova et al. o. J.; Su o. J.)

Auch wenn Zero Waste oft als unrealistisch missinterpretiert wird, hat die Bewegung das Potenzial eines **präventiven Ansatzes** für einen nachhaltigen Konsum (Greyson 2007). Angesichts der steigenden gesellschaftlichen Sympathie für die Zero-Waste-Bewegung rückt der Lebensstil auch bei Unternehmen immer mehr ins Blickfeld, was eine nähere Auseinandersetzung mit dem Phänomen rechtfertigt.

7.2 Zero Waste: Unverpackt konsumieren

Aktuell lassen sich verschiedene Strömungen am Markt identifizieren, die durch ein gesteigertes Interesse an umweltverträglichen Produkten gekennzeichnet sind, um dem Anspruch des nachhaltigen Konsums gerecht zu werden (Kübeling und Beermann 2015). **Precycling** ist eine dieser Strömungen, die sich in Form der Zero-Waste-Bewegung manifestiert und die der sogenannten Grassroot-Bewegung zuzuordnen ist, bei der Konsumenten Lösungen für eine nachhaltige Entwicklung selbst erarbeiten und umsetzen (Martin und Upham 2016). Precycler verfolgen das Ziel, rückstandslos zu konsumieren, indem sie insbesondere Verpackungsabfall vermeiden (Dickinson et al. 2012). Precycler glauben nicht daran, dass die derzeitige Umweltsituation sich noch durch den Recycling-Ansatz lösen lässt. Der Ansatz der Precycler geht darüber hinaus, umweltverträgliche (z. B. recyclebare) Verpackungen zu nutzen. Denn sie propagieren einen konsequent schonenden Umgang mit Ressourcen, indem sie (Verpackungs-)Müll erst gar nicht entstehen lassen. Demnach haben Precycler nicht viel wegzuwerfen oder zu recyceln, da sie insgesamt weniger (bzw. keinen) Müll produzieren. Ein aktiver Precycler zu werden, bedeutet, Kaufentscheidungen genau zu prüfen und der Nachhaltigkeit einen größeren Stellenwert zu geben als der Bequemlichkeit.

Grundsätzlich lassen sich die Ausprägungsformen des Precycling-Ansatzes zur konsequenten Vermeidung von (Verpackungs-)Müll einerseits beim Konsum von Produkten und andererseits bei der Herstellung eigener Produkte beobachten (Abb. 7.3). Für Precycler hat ein (möglichst) rückstandsloser Konsum oberste Priorität, indem sie Produktverpackungen meiden (z. B. unverpackt einkaufen) bzw. diese weiterverwerten (z. B. Verwendung als Vorratsbehälter). Die Reduktion überflüssiger Verpackungen bzw. so wenig Müll wie möglich zu produzieren, ist die erste und schwächste Ausprägungsform des Precyclings. Folglich ist der Kauf größerer Packungseinheiten zugunsten von Singlepacks (z. B. Pralinenschachtel vs. einzeln verpackter Pralinen) für den Precycler ebenso eine Selbstverständlichkeit wie der Verzicht auf nicht notwendige Verpackungen (z. B. Plastik-Verpackung von „natürlich verpackten" Bananen). Die zweite Form ist die gezielte (vollständige) Vermeidung von Verpackungsmüll. Sie repräsentiert den Anspruch

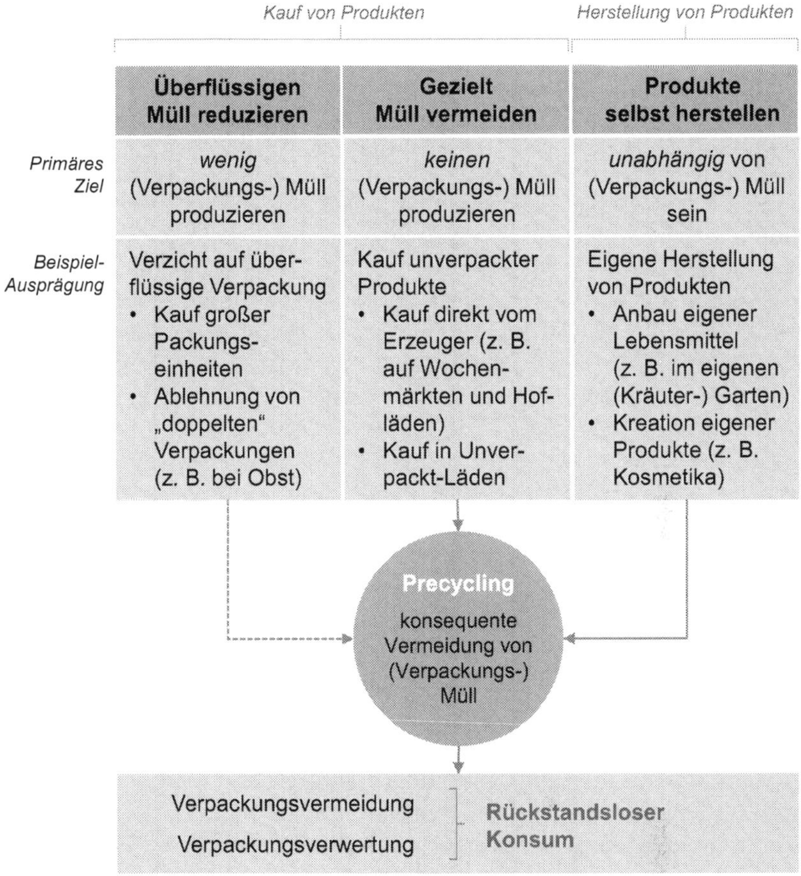

7.2 Zero Waste: Unverpackt konsumieren

	Kauf von Produkten		Herstellung von Produkten
	Überflüssigen Müll reduzieren	**Gezielt Müll vermeiden**	**Produkte selbst herstellen**
Primäres Ziel	*wenig* (Verpackungs-) Müll produzieren	*keinen* (Verpackungs-) Müll produzieren	*unabhängig* von (Verpackungs-) Müll sein
Beispiel-Ausprägung	Verzicht auf überflüssige Verpackung • Kauf großer Packungseinheiten • Ablehnung von „doppelten" Verpackungen (z. B. bei Obst)	Kauf unverpackter Produkte • Kauf direkt vom Erzeuger (z. B. auf Wochenmärkten und Hofläden) • Kauf in Unverpackt-Läden	Eigene Herstellung von Produkten • Anbau eigener Lebensmittel (z. B. im eigenen (Kräuter-) Garten) • Kreation eigener Produkte (z. B. Kosmetika)

Precycling
konsequente Vermeidung von (Verpackungs-) Müll

Verpackungsvermeidung
Verpackungsverwertung

Rückstandsloser Konsum

Abb. 7.3 Charakteristika des Precyclings. (Quelle: eigene Darstellung)

des Precycling-Lebensstils insbesondere durch den Konsum unverpackter Produkte (z. B. direkt vom Erzeuger oder in Unverpackt-Läden). Das vollständige „Weglassen" der Verpackung ist jedoch nur möglich, wenn Schutz-, Informations- und Kommunikationsfunktion der Verpackung unwesentlich für das Produkt und den Konsumenten sind (Rundh 2013). Der Precycling-Anspruch ist beispielsweise eher realisierbar bei kurzen Transportwegen (z. B. Kauf im Hofladen oder auf Wochenmärkten), bei „natürlich verpackten" Produkten (z. B. zahlreiche Obst- und Gemüsesorten) oder durch den Einsatz des Konsumenten selbst, indem er eigene Vorratsbehältnisse (z. B. zum Abfüllen von losen Produkten) nutzt. Ein weiterer Müllvermeidungsaspekt ergibt sich zudem daraus, dass die Konsumenten ihre exakte Wunschmenge des Produktes (z. B. Zutaten für ein Rezept oder Einzelteile für ein Projekt) abmessen können und das Wegwerfen des Überflüssigen sich damit erübrigt. Neben der finanziellen Ersparnis ist auch ein bewusster Einkauf die Folge, da sich einerseits die Einkaufsgeschwindigkeit drastisch reduziert und andererseits ungeplante (sogenannte Impuls-)Käufe vermeiden lassen. Als dritte und konsequenteste Form des Precyclings ist die Herstellung eigener Produkte zu werten, da sich der Precycler auf diese Weise auf den Kauf von (wenigen, unverpackten) Grundsubstanzen beschränkt, um daraus für den eigenen Bedarf Produkte herzustellen (z. B. Kosmetika) oder Erzeugnisse selbst anzubauen (z. B. Gemüse oder Kräuter im eigenen Garten). Eigene Produkte zu kreieren, ist gewissermaßen die Fortentwicklung des Müllvermeidungskonzeptes. Denn bei der Herstellung eigener Produkte aus (natürlichen) Grundsubstanzen erübrigen sich üblicherweise eine separate Verpackung z. B. aus Schutz-, Informations- und Markenkommunikationsgründen.

Die Ausprägungsformen des Precyclings lassen sich auch als **Entwicklungsprozess** eines Precyclers interpretieren. Demnach ist die Reduktion überflüssigen (Verpackungs-)Mülls die „Minimalvariante" des Precyclings. Sie weist Parallelen zu anderen nachhaltigen Konsumstilen (z. B. Minimalismus) auf und ist für Konsumenten oftmals der „Einstieg" zum Precycling. Hingegen darf die gezielte Vermeidung von (Verpackungs-)Müll als das eigentliche Precycling verstanden werden, da Konsumentscheidungen des Precyclers maßgeblich davon beeinflusst werden, ob ein Produkt rückstandslos (d. h. ohne Verpackungsmüll) erhältlich ist. Für den Precycler vollzieht sich gewissermaßen eine Entwicklung vom pragmatischen Ansatz **weniger Müll** hin zum Idealzustand **kein Müll** (Zero Waste). Wenngleich Letzteres üblicherweise im Leben eines Konsumenten kaum vollständig erreichbar ist, bleibt dies doch das angestrebte Ziel eines Precyclers. Diesem Ziel versucht er sich zu nähern, indem er eigene Produkte herstellt und sich damit von Verpackungen unabhängig macht bzw. (Mehrweg-)Verpackungen konsequent weiterverwertet.

7.3 Konsequenzen des rückstandslosen Konsums für Unternehmen

Das gesteigerte Interesse an einem nachhaltigen Konsum- und Lebensstil ist derzeit ungebrochen, was nicht zuletzt zahlreiche erfolgreiche Crowdfunding-Projekte für verpackungsfreie Supermärkte (z. B. in Frankfurt a. M. und Jena) belegen. Für Precycler ist der rückstandslose Konsum äußerst wichtig, und die konsequente Vermeidung von (Verpackungs-)Müll beeinflusst ihre Kaufentscheidung maßgeblich. Um diese Konsumentengruppe zu erreichen, lassen sich für Unternehmen konkrete Handlungsansätze herausarbeiten, die in drei **Stufen** kategorisierbar sind (Abb. 7.4).

7.3 Konsequenzen des rückstandslosen Konsums für Unternehmen

	Stufe	Precycling als ...	Perspektive
Entwicklungsgrad zum Precycler	3	**Unternehmensphilosophie**	intern unternehmenszentriert
	2	**Geschäftsmodell**	extern kundenzentriert
Aufkommen von (Verpackungs-) Müll	1	**Verkaufsargument**	

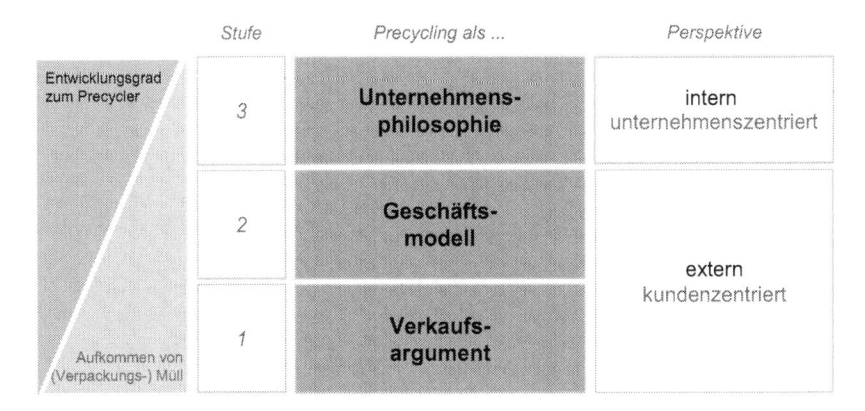

Abb. 7.4 Umsetzungsstufen des Precyclings für Unternehmen. (Quelle: eigene Darstellung)

1. Precycling als Verkaufsargument
Unternehmen sollten ihr aktuelles und künftiges Produktportfolio einer kritischen Verpackungsprüfung unterziehen. Zentrales Ziel der Prüfung ist es, Produktverpackung auf ein Minimum (z. B. zum Schutz der Ware) zu beschränken und etwaige absurde Verpackungen (z. B. einzeln in Folie verpackte Orangen/Zitronen/Bananen einzeln in Plastik verpackte Getränkedosen, vgl. Tillich 2016) gänzlich abzuschaffen. Zudem erweisen sich verschiedene Verpackungsgrößen (z. B. Großpackungen) oder ein modularer Verpackungsaufbau (z. B. Nachfülleinheiten) als Kaufargument für Precycler, überflüssigen Müll zu reduzieren.

2. Precycling als Geschäftsmodell
Der Zero-Waste-Ansatz bietet Optionen für ein eigenes Geschäftsmodell, das darauf ausgerichtet ist (Verpackungs-)Müll konsequent zu vermeiden. So lässt sich beispielsweise das bislang hauptsächlich auf den Lebensmittelsektor ausgerichtete Konzept der Unverpackt-Läden auf andere Produktarten (z. B. Kosmetika) übertragen. Auf diese Weise lassen sich jene Precycler gezielt ansprechen, die Müll konsequent zu vermeiden beabsichtigen. Darüber hinaus sind Precycler, die Produkte bevorzugt selbst herstellen, für solche Unternehmen gut erreichbar, die ihr Produktportfolio auf relevante (z. B. vorportioniert) Grundsubstanzen legen und mit entsprechenden Serviceleistungen vervollständigen (z. B. Herstellungshinweise, Workshops, Beratung).

3. Precycling als Unternehmensphilosophie
Die konsequente Weiterentwicklung der ersten beiden Stufen resultiert in der Integration des Precycling-Ansatzes in die eigene Unternehmensphilosophie, indem das Unternehmen selbst als Precycler agiert. Die Umsetzung kann dabei von der gezielten Auswahl verpackungsarmer/-freier Zulieferprodukte (z. B. Restaurant bezieht Milch aus einer „Milchtankstelle", o. V. 2016a) über die Verwendung von Rest-Produkten (z. B. Restaurant verarbeitet ausschließlich vor dem Wegwerfen „gerettete" Lebensmittel, Finkenwirth 2017) bis hin zum vollständigen Verzicht auf Zulieferprodukte (zugunsten Selbsterzeugung) reichen (z. B. Selbstversorger-Restaurant baut Lebensmittel/Kräuter selbst an, Schauberger 2016). Auch die unkonventionelle Umsetzung von müllfreien Konsumentenerlebnissen (z. B. Einsatz von essbarem Geschirr und Besteck im Restaurant, o. V. 2016b) manifestieren Precycling als imagebildende Unternehmensphilosophie.

Auf den Stufen eins und zwei nehmen Unternehmen eine externe (kundenzentrierte) **Perspektive** ein, d. h., der Zero-Waste-Ansatz wird verfolgt, um die Zielgruppe der Precycler von den (ggf. speziell für sie angepassten bzw. konzipierten) Produkten und Dienstleistungen zu überzeugen. Dagegen widmen sich Unternehmen auf Stufe drei einer internen (unternehmenszentrierten) Perspektive, d. h., das Unternehmen übernimmt die Zero-Waste-Philosophie und wird damit selbst zum Precycler. Die Stufen lassen sich daher – ähnlich den Ausprägungsformen des Precyclings Abb. 7.3 – als aufeinander aufbauende Entwicklungsstufen interpretieren. Mit jeder Stufe steigt der Entwicklungsgrad des Unternehmens hin zum Precycler; mit der Folge, dass der vom Unternehmen direkt und indirekt produzierte (Verpackungs-)Müll sinkt. Auch wenn die Maßnahmen der Stufe drei keine direkte Ansprache der Kunden beinhalten, wirken sie sich mutmaßlich indirekt auf Konsumentscheidungen der Zielgruppe aus, da das Unternehmen das Precycling-Konzept selbst lebt und damit als Vorbild bzw. als Teil der Zero-Waste-Bewegung überzeugt.

> **Essenz & Take-Home-Message**
> Angesichts umwelt- und konsumpolitischer Entwicklungen ist es unerlässlich, dem nachhaltigen Konsum langfristig eine hohe Bedeutung beizumessen. Während Recycling ansetzt, sobald Müll entstanden ist, lässt Precycling Müll erst gar nicht aufkommen. Es ist folglich nachvollziehbar, dass dem Precycling-Konzept mit Blick auf die **Nachhaltigkeit** aufgrund seiner Müllvermeidung ein höherer Stellenwert einzuräumen ist als dem Recycling-Ansatz (Linn et al. 1994). Die konsequente Vermeidung bzw. Verwertung von (Verpackungs-)Müll spielt dabei für Unternehmen aus zweierlei Hinsicht eine zentrale Rolle. Zum einen sind Precycler als wachsende Zielgruppe für Unternehmen

Status quo	Precycling verändert das Konsumverhalten

- Konsumenten achten beim Einkauf verstärkt darauf, wenig(er) bzw. keinen (Verpackungs-)Müll zu erzeugen
- Konsumenten bevorzugen vermehrt exakt portionierbare Einzelprodukte (z. B. Zutaten für ein Rezept oder Grundsubstanzen für ein Produkt)

Challenge	(Verpackungs-)Müll weglassen

- Konsequente Reduzierung des (Verpackungs-)Mülls (z. B. selbstkritische Überprüfung existierender Produkte)
- Umsetzung des rückstandslosen Konsums

To-do	Gezielte Produkt(weiter)entwicklung

Kundenzentrierter Ansatz
- Nachhaltige Verkaufsargumente schaffen (z. B. Mehrweg- anstatt Wegwerf-Verpackungen)
- Verpackungsfreie Produkte anbieten
- Grundsubstanzen (& Anleitungen) zur Herstellung „eigener" Produkte bereitstellen

Unternehmenszentrierter Ansatz
- Verpackungsfreie Zulieferprodukte verwenden (z. B. Milchtankstelle)
- Selbsterzeugung bevorzugen (z. B. Kräutergarten für Restaurants)

Abb. 7.5 Precycling – In a Nutshell. (Quelle: eigene Darstellung)

von Bedeutung. Zum anderen kann die Zero-Waste-Philosophie auch für das Unternehmen selbst identitätsstiftend sein. In beiden Fällen besteht für Unternehmen die Herausforderung darin, das (Verpackungs-)Müll-Aufkommen strategisch zu minimieren und rückstandslosen Konsum übergreifend umzusetzen (Abb. 7.5).

Literatur

Bezrogova, A., Wiese, S., Sibum, T., von Holleben, T., & Bittner, P. (o. J.). Unverpackt-Läden in Deutschland, enorm Magazin. https://enorm-magazin.de/unverpackt-laeden-DEUTSCHLAND (download 22. Januar 2018).

Dickinson, E., Foss, K. A., & Chen, Y.-W. (2012). Disrupting Polarization in Discourses of Terrorism, the Environment, and Race: The generative possibilities of dialectical innovation. *International Journal of Humanities and Social Science, 2*(14), 12–21.

Finkenwirth, A. (2017). Mehr Wertschätzung, bitte! Zeit Online. http://www.zeit.de/karriere/2017-01/restlos-gluecklich-restaurant-lebensmittelreste-wiederverwertung-non-profit-ehrenamt (download 6. Februar 2017).

Greyson, J. (2007). An economic instrument for zero Waste, economic growth and sustainability. *Journal of Cleaner Production, 15*(13/14), 1382–1390.

Hutter, K., Mai, R., & Hoffmann, S. (2016). Carrotmob: A win–win–win approach to creating benefits for consumers, business, and society at large. *Journal of Business & Society, 55*(7), 1059–1077.

Kübeling, J., & Beermann, M. (2015). Nachhaltiger Konsum – Wie Unternehmen Verantwortung für die Nutzung und Anwendung ihrer Produkte übernehmen können. *uwf UmweltWirtschaftsForum, 23*(4), 307–314.

Linn, N., Vining, J., & Feeley, P. A. (1994). Toward a sustainable society: Waste minimization through environmentally conscious consuming. *Journal of Applied Social Psychology, 24*(17), 1550–1572.

Martin, C. J., & Upham, P. (2016). Grassroots social innovation and the mobilisation of values in collaborative consumption: A conceptual model. *Journal of cleaner Production, 134*(Part A), 204–213.

Niesen, K. (2016). Funktion und Reiz der Verpackung. *Pop Kultur und Kritik, 5*(2), 84–95.

Nürnberger, D. (2016). Plastiktüten kosten künftig Geld, Deutschlandfunk. http://www.deutschlandfunk.de/muellreduzierung-plastiktueten-kosten-kuenftig-geld.766.de.html?dram:article_id=352524 (download 14. Dezember 2016).

o. V. (2016a). Die Milchtankstelle: 24 Stunden frische Milch direkt vom Bauernhof. https://utopia.de/die-milchtankstelle-bauernhof-15241/d (download 23. Jan. 2017).

o. V. (2016b). Essbares Besteck gegen Plastikmüll. https://utopia.de/essbares-besteck-gegen-plastikmuell-15320/ (download 23. Januar 2017).

Rundh, B. (2013). Linking packaging to marketing: How packaging is influencing the marketing strategy. *British Food Journal, 115*(11), 1547–1563.

Schauberger, A. (2016). Silo, das erste Zero-Waste-Restaurant in England, Utopia.de. https://utopia.de/silo-zero-waste-restaurant-24775/d (download 12. Januar 2017).

Su, S. (o. J.). Karte unverpackt einkaufen in Deutschland, Österreich und der Schweiz. http://wastelandrebel.com/de/liste-unverpackt-laeden/ (download 22. Januar 2018).

Tillich, M. (2016). 10 Plastikverpackungen, die an der Menschheit zweifeln lassen, Utopia. de. https://utopia.de/absurde-plastikverpackungen-17699/ (download 12. Januar 2017).

Conclusio: Vom Lebensgefühl zum Lebensstil

8

Nachdem die vorangegangenen Kapitel die sechs Lebensstile Cocooning, Neo-Nomadismus, Minimalismus, Slow Living, Freecycling und Precycling einzeln und in ihrer Tiefe betrachtet haben, ist erkennbar, dass die Lebenseinstellungen untereinander verbindende Elemente aufweisen. Im Folgenden werden die Lebensstile daher zusammengeführt und aus einer übergeordneten Perspektive betrachtet, um **Gemeinsamkeiten und Ähnlichkeiten** herauszuarbeiten und um auf die grundlegenden Lebensgefühle bzw. ähnlichen Lebensweisen schließen zu können.

8.1 Einordnung der Lebensstile

Zur systematischen Einordnung der Lebensstile lassen sich basierend auf dem technischen und gesellschaftlichen Wandel (Kap. 1) **Orientierungsparameter** heranziehen, die generischer oder spezifischer Natur sind. Während generische Parameter übergeordnet den Aktivitäts- und Mobilitätsgrad sowie das Zeiterleben eines Lebensstiles erfassen, widmen sich spezifische Parameter konkreteren Aspekten wie der Ausprägung der Technik-, Gesundheits- oder Umweltorientierung (Abb. 8.1). Jeder Parameter ist als Kontinuum zwischen einem (bipolaren) Gegensatzpaar abbildbar – vergleichbar einem semantischen Differenzial (Osgood et al. 1957). Die Einordnung der Lebensstile ermöglicht im Gesamtbild Rückschlüsse auf die grundlegenden Handlungsmotive. Die Mitte zwischen den bipolaren Assoziationsbegriffen kennzeichnet einen neutralen Bereich, d. h., es gibt weder einen Ausschlag in die eine noch in die andere Richtung, da der Parameter keine Bewertungsrelevanz für den Lebensstil hat.

8 Conclusio: Vom Lebensgefühl zum Lebensstil

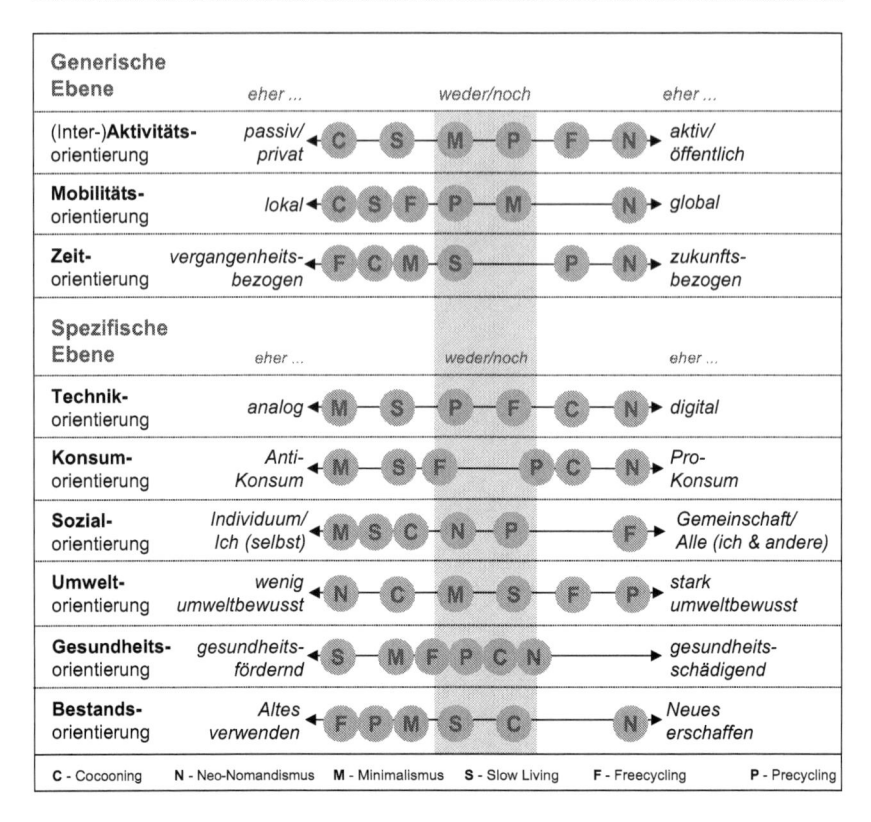

Generische Ebene	eher ...	weder/noch	eher ...
(Inter-)Aktivitätsorientierung	passiv/privat C—S—M—P—F—N		aktiv/öffentlich
Mobilitätsorientierung	lokal C—S—F—P—M		N global
Zeitorientierung	vergangenheitsbezogen F—C—M—S		P—N zukunftsbezogen

Spezifische Ebene	eher ...	weder/noch	eher ...
Technikorientierung	analog M—S—P—F—C—N		digital
Konsumorientierung	Anti-Konsum M—S—F	P—C—N	Pro-Konsum
Sozialorientierung	Individuum/Ich (selbst) M—S—C—N—P		F Gemeinschaft/Alle (ich & andere)
Umweltorientierung	wenig umweltbewusst N—C—M—S—F—P		stark umweltbewusst
Gesundheitsorientierung	gesundheitsfördernd S—M—F—P—C—N		gesundheitsschädigend
Bestandsorientierung	Altes verwenden F—P—M—S—C		N Neues erschaffen

C - Cocooning N - Neo-Nomandismus M - Minimalismus S - Slow Living F - Freecycling P - Precycling

Abb. 8.1 Einordnung der Lebensstile nach Orientierungsparametern. (Quelle: eigene Darstellung)

Die (Inter-)**Aktivitätsorientierung** beschreibt, wie (inter-)aktiv Anhänger des Lebensstils sich verhalten und wie stark sie die Öffentlichkeit und den Kontakt zu anderen Personen suchen bzw. wie passiv und zurückgezogen (ins Private) sie agieren. Lebensstil-Einordnung: Cocooning & Neo-Nomadismus bilden die jeweiligen Extrempole dieses Parameters. Während Cocooner sich bewusst zurückziehen und ihre (Außen-)Aktivitäten sowie Interaktionen mit anderen bewusst minimieren, sind Neo-Nomaden sehr stark mit anderen vernetzt und im Austausch. Freecycler müssen ebenso vergleichsweise aktiv werden (z. B. beim Entrümpeln und Anbieten/Annehmen von Waren). Dem gegenüber stehen Slow-Living-Anhänger, die ihre Aktivitäten bewusst entschleunigen und daher

8.1 Einordnung der Lebensstile

eher auf der passiven Seite einzuordnen sind. Hingegen ist der Aktivitätsgrad von Minimalisten und Precyclern weder als besonders aktiv noch als besonders passiv zu bewerten. Vielmehr können diese Lebensstilvertreter in beide Richtungen tendieren, weswegen die Aktivitätsorientierung für die Lebensstile Minimalismus und Precycling als neutral zu bewertet ist, d. h. nicht als Differenzierungsmerkmal heranziehbar ist.

Die **Mobilitätsorientierung** verdeutlicht, inwieweit der Bewegungsradius eher global, weltweit, international und demnach grenzenlos ist oder ob eher das lokale, regional begrenzte Umfeld für den Lebensstil relevant ist. Lebensstil-Einordnung: Aufgrund der zentralen Bedeutung des Reisens zeigen Neo-Nomaden in dieser Kategorie den größten (globalen) Mobilitätsausschlag. Den Gegenpol dazu bilden Anhänger des Cocoonings, Slow Livings und Freecyclings, deren Bewegungskreis vergleichsweise eng im privaten, lokalen und regionalen Umfeld liegt. Für Precycler und Minimalisten ist – ebenso wie die (Inter-)Aktivitätsorientierung – die Mobilitätsorientierung nicht als Unterscheidungskriterium relevant.

Die **Zeitorientierung** misst, ob ein Lebensstil sich eher auf Erfahrungen stützt und eine vergangenheitsbezogene Perspektive einnimmt oder ob er eher neugierig und zukunftsorientiert auftritt. Lebensstil-Einordnung: Eine starke, von Neugier getriebene Ausrichtung auf Zukunftsthemen (z. B. Aufgaben und Reiseziele) ist beim Neo-Nomadismus erkennbar. Auch Precycler sind mit Blick auf nachfolgende Generationen maßgeblich daran interessiert, eine lebenswerte Zukunft zu kreieren, indem sie (Verpackungs-)Müll gezielt vermeiden. Während Slow-Living-Anhänger dem Thema Zeit zwar eine entscheidende Rolle zumessen, ist ihre Orientierung weder in die Zukunft noch in die Vergangenheit ausgerichtet; vielmehr erhält das Leben in der Gegenwart ihren zentralen Fokus. Dagegen sind Cocooner, Minimalisten und Freecycler eher vergangenheitsorientiert, speist sich ihre aktuelle Lebensorientierung doch aus vergangenen Erfahrungen; z. B. Rückzug des Cocooners als Schutz vor bislang als bedrohlich empfundenen äußeren Einflüssen, Reduktion des Minimalisten von unterdessen als überflüssig empfundenen Dingen, Wunsch des Freecyclers nach befreiender Entrümpelung von bisher angesammelten Dingen.

Die **Technikorientierung** gibt Auskunft darüber, welche Rolle der technische Fortschritt und die Digitalisierung für einen Lebensstil spielen und wie digital und technikaffin oder wie analog und technikabgeneigt eine Person ihr Leben bestreitet. Lebensstil-Einordnung: Während Neo-Nomaden als digitale Natives einen zentralen Teil ihrer Lebens- und Arbeitszeit online verbringen und auch Cocooner Online-(Bestell-)Medien nutzen, um unabhängig von zu Hause zu agieren, ziehen sich Minimalisten und Slow-Living-Anhänger nicht selten bewusst aus der digitalen Welt zurück und agieren bevorzugt in der realen, analogen Welt.

Eher neutral ist die Technikorientierung bei Precyclern und Freecyclern einzuschätzen, wenngleich letztere Community tendenziell digitale Medien zur Organisation des Gütertransfers nutzt.

Die **Konsumorientierung** zeigt die Einstellung gegenüber Konsum, d. h. ob das Konsumieren in einer Anti-Haltung eher abgelehnt und auf bestimmte Produkte und Services (bewusst) verzichtet wird oder ob Konsum eher befürwortet und Verzicht abgelehnt wird. Lebensstil-Einordnung: Eine vergleichsweise radikale Anti-Konsum-Haltung verfolgen (ganzheitliche) Minimalisten, indem sie bewusst auf (jeglichen) Konsum verzichten. Auch der Slow-Living-Lebensstil basiert auf einem entschleunigten Konsum, der sehr reduziert ausfallen kann. Im Gegensatz dazu sind Neo-Nomaden und Cocooner nicht darauf ausgerichtet, quantitativ auf (Konsum-)Güter zu verzichten, sondern erwarten ihrem Lebensstil angepasste Produkte und Services (z. B. 24/7 Bestell-/Liefermöglichkeiten). Precycler sind tendenziell gegenüber Konsum positiv eingestellt, sofern er ihren (Zero-Waste-)Anforderungen entspricht. Im Gegensatz dazu leben Freecycler von der Weitergabe gebrauchter Gegenstände, was ihre Konsumneigung in Richtung Anti verschiebt.

Die **Sozialorientierung** lässt erkennen, inwieweit ein Lebensstil-Anhänger eher aus Eigennutz/-sinn, für sich selbst und aus Individualitätsgründen agiert oder aus Gemeinsinn, für (sich und) andere und für eine Gemeinschaft lebt. Lebensstil-Einordnung: Von den sechs Lebensstilen verfolgt lediglich Freecycling einen explizit gemeinschaftlichen Ansatz, indem neben eigennützigen auch altruistische Motive relevant sind. Minimalismus, Slow Living und Cocooning dienen eher der individuellen Bedürfnisbefriedigung (z. B. eigenes Wohlbefinden). Auch Neo-Nomaden versuchen tendenziell, ihre persönliche Balance zwischen dem Reisen und Arbeiten zu finden, wenngleich der Gemeinschafts- und Vernetzungsgedanke zentral ist. Precycler agieren aus sozialer Perspektive eher neutral mit Tendenz zum indirekten Gemeinnutz (statt Eigennutz), da sie die Umweltbelastung durch (Verpackungs-)Müll zum Wohle aller zu reduzieren versuchen.

Die **Umweltorientierung** verdeutlicht die Wichtigkeit der Umwelt und zeigt sich in einem starken Bewusstseins- und Betroffenheitsgefühl für ökologische Aspekte oder einer schwachen umweltschützenden Lebensweise und (ggf. sogar unbewusst) umweltschädigenden Tendenzen. Lebensstil-Einordnung: Während Neo-Nomaden aufgrund ihrer weltweiten (Flug-)Reisetätigkeit und auch Cocooner beispielsweise über zahlreiche Bestell- und Liefervorgänge aus ökologischer Sicht wenig umweltbewusst agieren, sind Precycler und Freecycler indes als sehr umweltorientiert einzuschätzen, da Müllvermeidung und Ressourcenreduktion zentraler Bestandteil beider Lebensstile sind. Als eher neutral sind Minimalismus und Slow Living hinsichtlich der Umweltorientierung einzuschätzen, wenngleich das Slow-Konzept durchaus umweltfreundliche Züge tragen kann (z. B. über entschleunigte unmotorisierte Fortbewegung).

Die **Gesundheitsorientierung** spiegelt das Bewusstsein für die (eigene) Gesundheit wider und zeigt sich darin, inwieweit die eigene Lebensweise (z. B. Ernährung, Bewegung, Entspannung) auf physischer und psychischer Ebene eher gesundheitsfördernd oder eher gesundheitsschädigend ist. Lebensstil-Einordnung: Keinem der sechs Lebensstile kann eine gesundheitsschädigende Orientierung bescheinigt werden. Allerdings verfolgt der Slow-Living-Ansatz (z. B. in Form von Slow Food) das ausdrückliche Ziel der individuellen Gesundheitsförderung durch Balance. Ähnlich versucht der Minimalismus, über eine bewusste Lebensführung den physischen und psychischen Ausgleich durch Reduktion auf Wesentliches herzustellen. Die Lebensstile Cocooning, Neo-Nomadismus, Freecycling und Precycling sind gemessen an der Auswirkung auf die Gesundheit vornehmlich unberührt. Nichtsdestotrotz könnte man argumentieren, Neo-Nomadismus könnte durch die lokale Unbeständigkeit (häufige Orts-/Zeitzonenwechsel) eine körperliche Belastung bedeuten, weswegen er als vergleichsweise wenig gesundheitsförderlich eingeordnet wird.

Die **Bestandsorientierung** gibt Auskunft darüber, inwieweit Anhänger eines Lebensstils eher daran interessiert sind, Altes und Vorhandenes (weiter) zu verwenden oder eher ein Interesse daran haben, Neues zu (er)schaffen. Lebensstil-Einordnung: Neo-Nomaden sind wie kein anderer Lebensstil angetrieben von ihrer Neugier am Entdecken, Neues zu sehen und zu (er)schaffen. Den Gegenpol bilden Freecycler und Precycler, die Bestehendes (weiter) nutzen, indem sie beispielsweise Gegenstände oder (Mehrweg-)Verpackungen verwenden und Gegenstände re- oder upcyceln. Eine ähnliche, wenngleich weniger starke Neigung, Bestehendes zu verwenden, haben Minimalisten, gemäß deren Philosophie wenige (essentielle) Gegenstände in mehrfacher Hinsicht nutzbar sein sollten. Für Slow-Living-Anhänger und Cocooner ist die Bestandsorientierung weniger relevant und daher als neutral zu bewerten.

8.2 Lebensgefühl als Grundprinzip eines Lebensstils

Während die Einordnung der Lebensstile auf generischer Ebene ihrer allgemeinen Betrachtung dient (Aktivitäts-, Mobilitäts- und Zeitorientierung), lassen sich mithilfe spezifischer Orientierungsparameter Rückschlüsse auf drei grundlegende **Lebensgefühle** ziehen. Wie Abb. 8.2 zeigt, beschreibt die gemeinsame Betrachtung von Technik-, Konsum- und Bestandsorientierung ein (Lebens-)

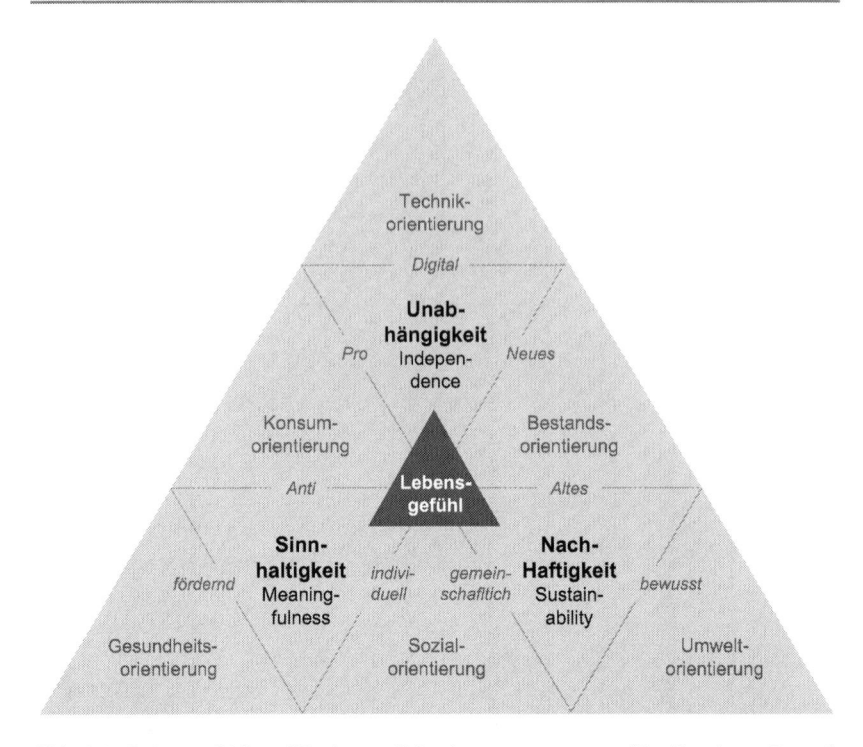

Abb. 8.2 Lebensgefühle auf Basis von Orientierungsparametern. (Quelle: eigene Darstellung)

Gefühl der **(Un)Abhängigkeit**. Lebensstile, die in diesen Parametern in Richtung digital, Pro-Konsum bzw. Neues tendieren, agieren aus dem Gefühl der Unabhängigkeit heraus. Ein (Lebens-)Gefühl von **(Un)Sinnhaftigkeit** manifestiert sich in der Zusammenführung von Konsum-, Sozial- und Gesundheitsorientierung. Verfolgen Lebensstile eher eine Anti-Konsum-, individuell orientierte bzw. gesundheitsbewusste Haltung, wäre das eine dem Gefühl für Sinn entspringende Lebensführung. Schließlich lässt sich in der Kopplung von Bestands-, Sozial- und Umweltorientierung das (Lebens-)Gefühl der **(Un)Nachhaltigkeit** abbilden. Die zielgerichtete (Weiter-)Nutzung von Bestehendem kombiniert mit einem ausgeprägten Gemein- und Umweltsinn deutet auf einen auf Nachhaltigkeit fußenden Lebensstil hin.

Visualisiert man die Ausprägungen der Lebensstile in den jeweiligen drei Orientierungsparametern im dreidimensionalen Raum, ergeben sich drei Würfelansichten mit jeweils acht Quadranten in Form des Independence Cubes, des Meaningfulness Cubes und des Sustainability Cubes. Wie stark ein Lebensstil auf einem bestimmten Orientierungsparameter ausschlägt, wird dabei durch die Länge der roten Hilfslinien verdeutlicht, die wiederum auf der Einordnung der Lebensstile (Abb. 8.1) basieren.

Aus dem **Independence Cube** (Abb. 8.3) ist erkennbar, dass die Lebensstile Cocooning und Neo-Nomadismus in den Parametern Technik-, Konsum- und Bestandsorientierung jeweils starke Tendenzen in Richtung digital, Pro-Konsum und Neues zeigen, woraus sich ableiten lässt, dass das grundlegende (Lebens-)Gefühl der Unabhängigkeit für diese beiden Lebensstile ein stark verbindendes Element ist, das gleichzeitig als Abgrenzungskriterium zu den Lebensstilen Minimalismus, Slow Living, Freecycling und Precycling fungiert.

Der **Meaningfulness Cube** (Abb. 8.4) zeigt, dass die Lebensstile Minimalismus und Slow Living in den Parametern Konsum-, Sozial- und Gesundheitsorientierung jeweils starke Tendenzen in Richtung Anti-Konsum, Individualität und Gesundheitsförderung zeigen. Demnach eint das (Lebens-)Gefühl der Sinnhaftigkeit diese beiden Lebensstile und macht sie unterscheidbar von den Lebensstilen Cocooning, Neo-Nomadismus, Freecycling und Precycling.

Aus dem **Sustainability Cube** (Abb. 8.5) ist ersichtlich, dass die Lebensstile Freecycling und Precycling in den Parametern Bestands-, Sozial- und Umweltorientierung jeweils starke Ausprägungen in Richtung Bestand, Gemeinschaft und Umweltbewusstsein zeigen. Folglich verbindet das (Lebens-)Gefühl Nachhaltigkeit diese beiden Lebensstile und grenzt sie ab von den Lebensstilen Cocooning, Neo-Nomadismus, Minimalismus und Slow Living.

Die Lebensgefühle Unabhängigkeit, Sinnhaftigkeit und Nachhaltigkeit lassen sich als stark verbindende Elemente interpretieren. Demnach gleichen sich Cocooner und Neo-Nomaden in ihrem Streben nach Unabhängigkeit, Minimalisten und Slow-Living-Anhänger treibt der Wunsch nach Sinn an, und Freecycler und Precycler leben für die Nachhaltigkeit (Abb. 8.6).

8.3 Verbindende Elemente zwischen Lebensstilen

Gleiche Lebensgefühle (Abschn. 8.2), aber auch **ähnliche Lebensweisen** (z. B. Grund- oder Handlungsmotive) können als stark verbindende Elemente zwischen Lebensstilen fungieren. Konsumenten können demnach aus ähnlichen Motiven oder Bedürfnissen heraus agieren, gleichzeitig jedoch verschiedene Lebensstile

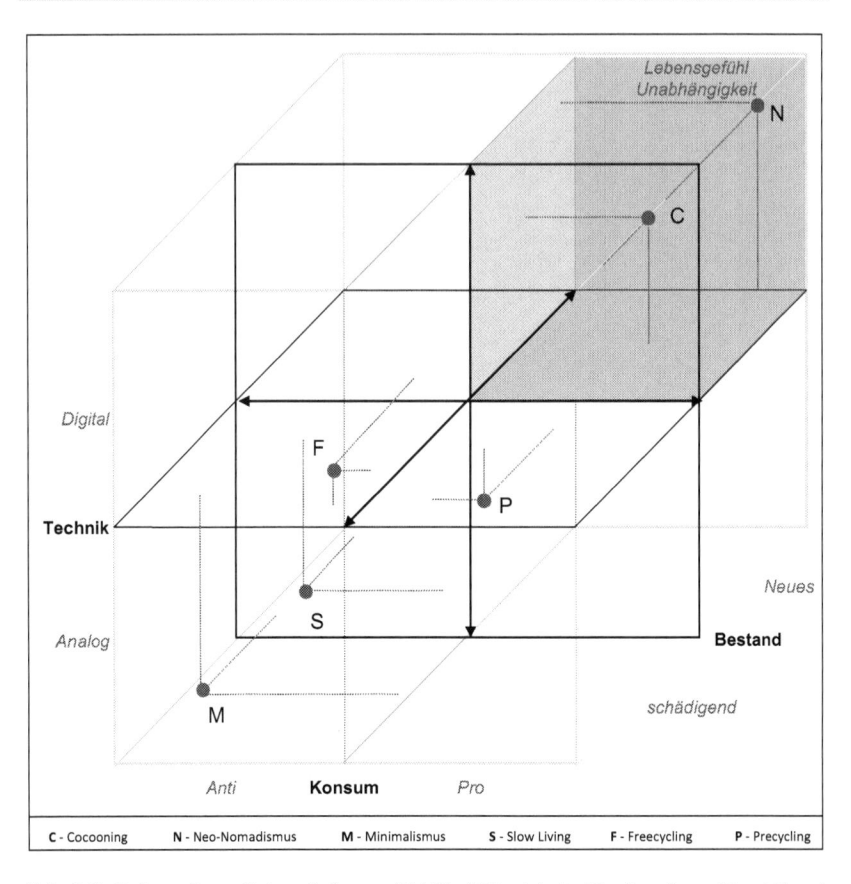

Abb. 8.3 Independence Cube – Lebensgefühl Unabhängigkeit. (Quelle: eigene Darstellung)

verfolgen. Abb. 8.7 zeigt diese Verbindungen zwischen den einzelnen Lebensstilen detailliert.

Cocooner sind mit Neo-Nomaden über das Lebensgefühl der Unabhängigkeit stark verbunden (Abb. 8.7, oben links). Zudem haben Cocooner auch direkte Gemeinsamkeiten mit Minimalisten und mit Slow-Living-Anhängern. Hingegen sind zwischen Cocoonern und Freecyclern bzw. zwischen Cocoonern und Precyclern keine direkt verbindenden Elemente erkennbar. Zwischen Cocoonern und Minimalisten ist der hohe **Qualitätsanspruch** das verbindende Element.

8.3 Verbindende Elemente zwischen Lebensstilen

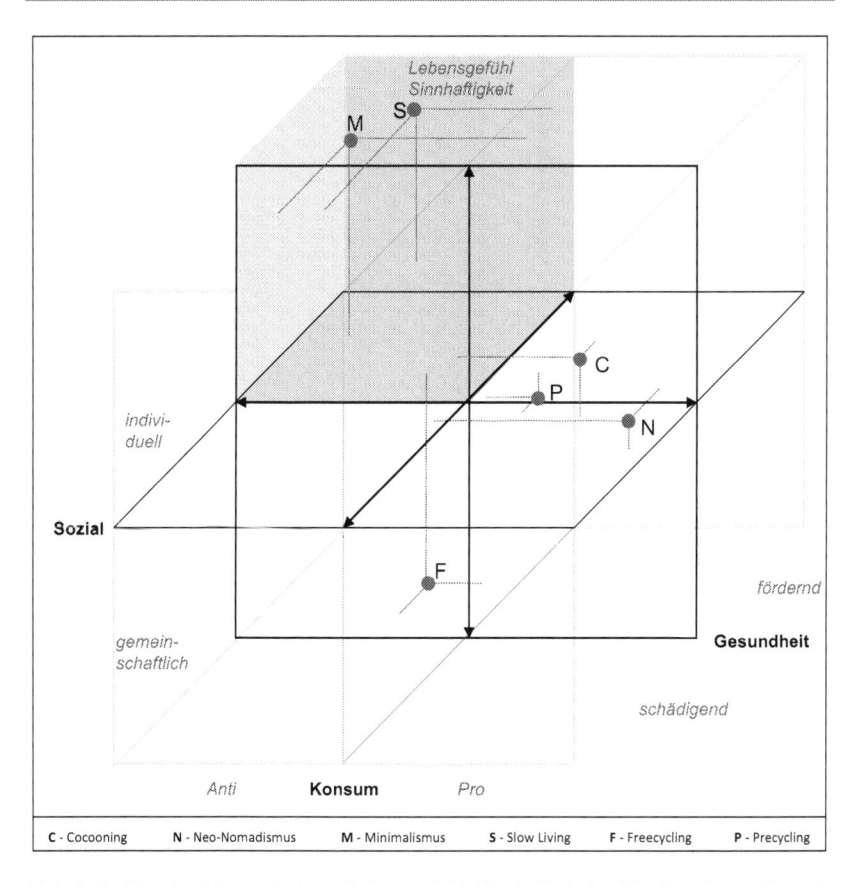

Abb. 8.4 Meaningfulness Cube – Lebensgefühl Sinnhaftigkeit. (Quelle: eigene Darstellung)

Während Cocooner (insb. „professionelle Genießer") Wert auf qualitativ hochwertige Produkte für den Heimgebrauch legen, bevorzugen Minimalisten (insb. „Downshifter") wenige erlesene, jedoch langlebige Produkte. Zwischen Cocoonern und Slow-Living-Anhängern ist der **SHEF**-Trend als Gemeinsamkeit wertbar. SHEF steht als Akronym für Stay Home & Entertain Friends, bei dem das eigene (sichere, gemütliche) Zuhause bewusst für den Freundeskreis geöffnet wird, um Zeit miteinander zu verbringen und nicht zuletzt eine (kostengünstige) Alternative zum Ausgehen zu schaffen (Müller et al. 2010). Die private Wohnung

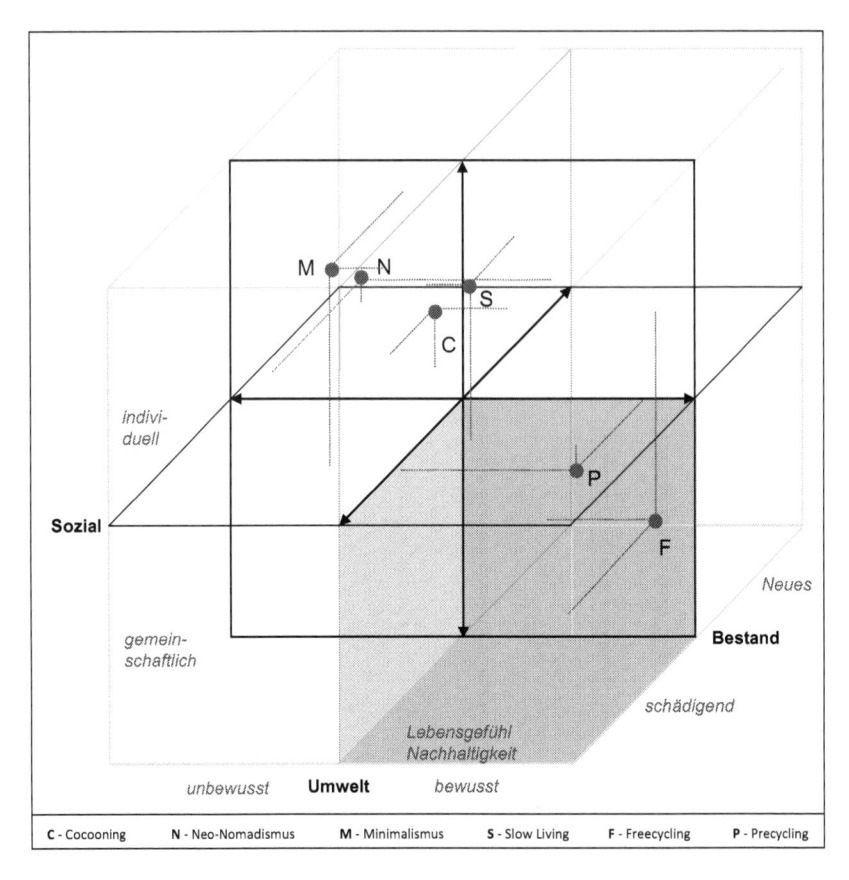

Abb. 8.5 Sustainability Cube – Lebensgefühl Nachhaltigkeit. (Quelle: eigene Darstellung)

übernimmt damit die Funktion eines sozialen Treffpunktes, wie es sonst Cafés, Bars, Restaurants etc. außerhalb des privaten Umfeldes tun. Das gemeinsame Tun (z. B. Kochen, Essen, Spielen, Reden) folgt dabei dem Slow-Living-Ansatz, indem zumeist gezielt das eigene (meist bewusst langsame) Tempo (z. B. Dauer und Intensität der Vorbereitung, Mitwirken der Gäste) gewählt wird.

Neo-Nomaden weisen neben der starken Verbindung zu Cocoonern auch Gemeinsamkeiten mit Minimalisten, mit Slow-Living-Anhängern und mit Freecyclern auf, während sie zu Precyclern keine direkte Verbindung haben (Abb. 8.7, oben rechts). Zwischen Neo-Nomaden und Minimalisten gleicht

8.3 Verbindende Elemente zwischen Lebensstilen

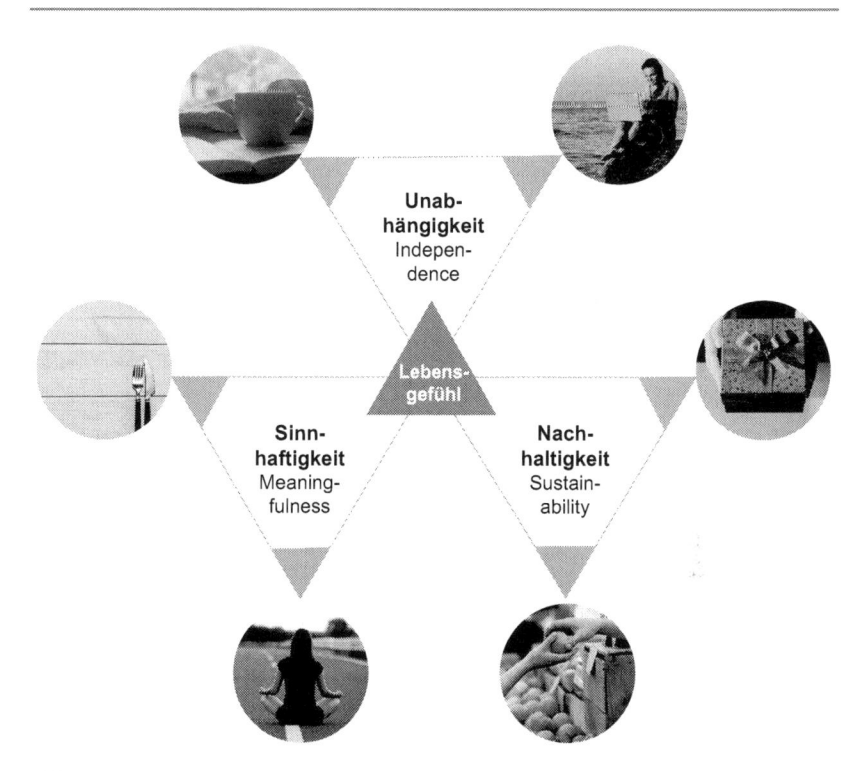

Abb. 8.6 Lebensgefühl als stark verbindendes Element zwischen Lebensstilen. (Quelle: eigene Darstellung unter Verwendung von Bildmaterial aus Pexels.com)

sich das auf Wenig ausgerichtete Lebens- bzw. Wohnkonzept. Anhänger beider Lebensstile reduzieren ihre persönlichen Gegenstände auf ein **Minimal-Home**-Konzept, um sich von (unnötigem) Ballast zu befreien. Während Minimalisten wenige Dinge an einem festen (Wohn-)Ort besitzen (z. B. um weniger Verpflichtungen zu haben), reduzieren Neo-Nomaden in erster Linie ihr (Reise-)Gepäck (z. B. um sich unkomplizierter von Ort zu Ort bewegen zu können). Zwischen Neo-Nomaden und Slow Living-Anhängern stellt sich **Verbundenheit** als gemeinsames Element heraus, das Neo-Nomaden im Sinne des (digitalen) Vernetzens (z. B. mit Geschäftspartnern, mit Freunden) und Slow-Living-Anhänger im Sinne solidarischer Gemeinschaft (z. B. mit Gleichgesinnten, mit der Natur, mit der Region) umsetzen. Zwischen Neo-Nomaden und Freecyclern ist das Konzept des **Weitergebens** die verbindende Lebensweise,

8 Conclusio: Vom Lebensgefühl zum Lebensstil

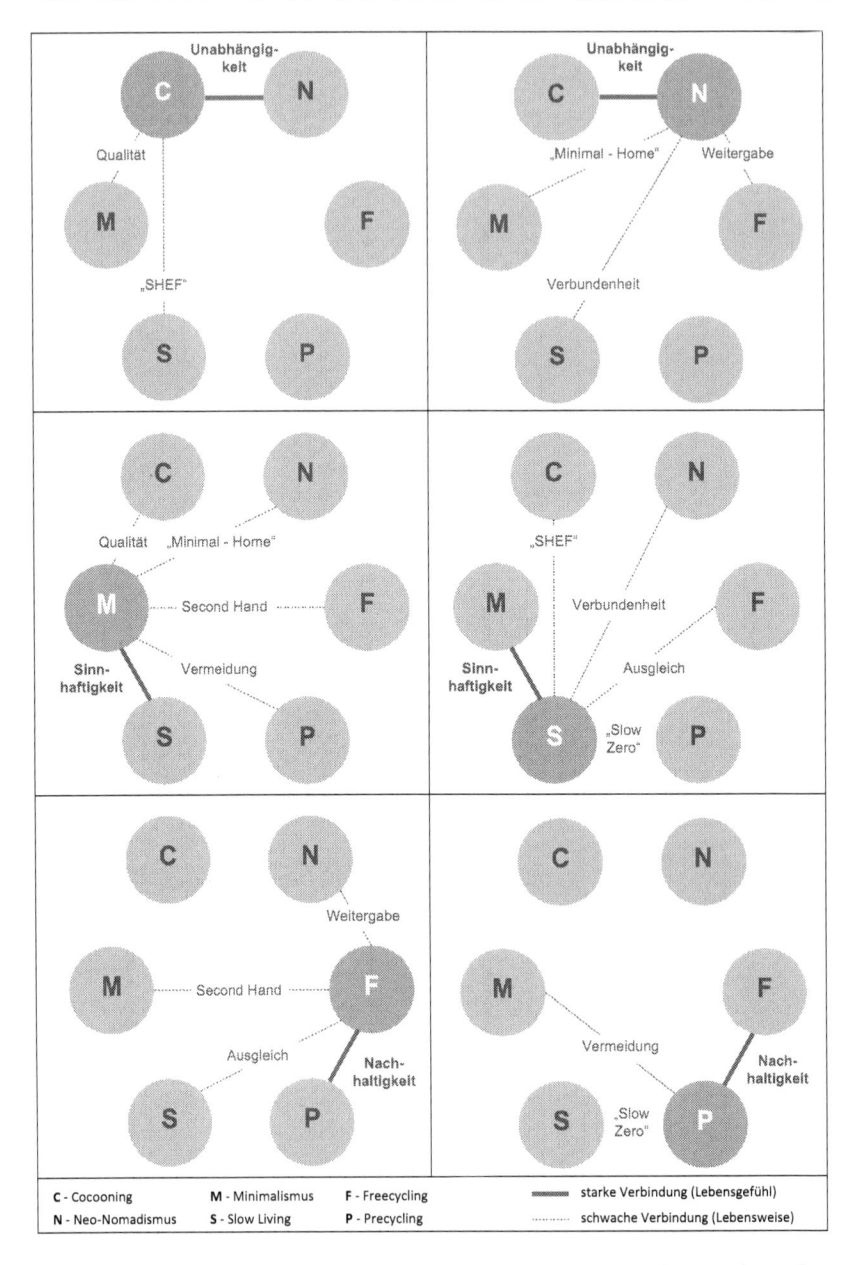

Abb. 8.7 Verbindende Elemente zwischen Lebensstilen im Detail. (Quelle: eigene Darstellung)

denn durch das stetige Weiterziehen agieren Neo-Nomaden regelmäßig als Freecycler, die überflüssig gewordene Dinge unentgeltlich weitergeben bzw. erhalten.

Minimalisten sind über das Lebensgefühl der Sinnhaftigkeit mit Slow-Living-Anhängern verbunden. Zudem sind Ähnlichkeiten zu Cocoonern und Neo-Nomaden (Erläuterung siehe oben) sowie zu Freecyclern und zu Precyclern erkennbar (Abb. 8.7, Mitte links). Zwischen Minimalisten und Freecyclern ist der **Second-Hand**-Ansatz als einendes Element zu verstehen. Demnach reduzieren Minimalisten den Bestand ihrer persönlichen Habseligkeiten, indem sie beispielsweise als Geber im Freecycling-Prozess auftreten und nutzbare, aber nicht mehr benötigte Dinge für andere Personen (unentgeltlich) zur Verfügung stellen. Zwischen Minimalisten und Precyclern ist das **Vermeiden** von Unnötigem verbindend. Während Minimalisten das Bestehende auf das für sie Wesentliche reduzieren, sorgen Precycler durch einen rückstandslosen Konsum dafür, sich selbst bzw. ihr Leben zu vereinfachen. In der Langzeitperspektive sorgen die Anhänger beider Lebensstile dafür, nur das für sie Wesentliche in ihren Besitz zu bringen.

Slow-Living-Anhänger sind über das Gefühl der Sinnhaftigkeit stark mit Minimalisten verbunden und weisen Ähnlichkeiten mit Cocoonern und Neo-Nomaden (Erläuterungen siehe oben) sowie mit Freecyclern und mit Precyclern auf (Abb. 8.7, Mitte rechts). Zwischen Slow-Living-Anhängern und Freecyclern ist das Konzept der **Balance** die verbindende Lebensweise. Beide Lebensstile handeln aus der Motivation des Ausgleichs heraus. Während Slow-Living-Anhänger das Gleichgewicht zwischen schnellen und langsamen Aktivitäten sowie zwischen An- und Entspannung suchen, streben Freecycler Ausgewogenheit durch Geben und Nehmen an. Zwischen Slow-Living-Anhängern und Precyclern sind Parallelen im **Slow-Zero**-Gedanken zu entdecken. Slow-Living-Anhänger konsumieren bewusst und entschleunigt, indem sie sich Zeit nehmen (für den Einkauf). Precycler, die mit Blick auf das Vermeiden von (Verpackungs-)Müll unverpackte Produkte konsumieren, verlangsamen ihren Einkaufsprozess ebenso, während sie Produkte selbst abmessen, -wiegen und -füllen. Ferner agieren beide Lebensstile aus dem Aspekt des Naheliegenden heraus, d. h., sie konsumieren bevorzugt z. B. regional und saisonal verfügbare Produkte.

Freecycler und Precycler eint das Gefühl der Nachhaltigkeit (Abb. 8.7, unten links). Gleichzeitig haben Freecycler ähnliche Lebensweisen wie Neo-Nomaden, Minimalisten und Slow-Living-Anhänger (Erläuterungen siehe oben). Für **Precycler** existieren über die starke Verbindung zu Freecyclern hinaus (Abb. 8.7, unten rechts) verbindende Elemente mit Minimalisten und Slow-Living-Anhängern (Erläuterungen siehe oben).

Abb. 8.8 vereinigt die Detaildarstellungen aus Abb. 8.7 in einer gemeinsamen Grafik und verdeutlicht auf diese Weise, dass die untersuchten unkonventionellen (Nischen-)Lebensstile interagieren und keineswegs voneinander isoliert zu betrachten sind. Vielmehr existieren verbindende Elemente zwischen den sechs Lebensstilen; einerseits starke **Verbindungen** in Form gleicher grundlegender Lebensgefühle und andererseits schwache Verbindungen in Form ähnlicher Lebensweisen. Dies zeigt, dass sich innere Zustände eines Menschen (z. B. Wertvorstellungen, Handlungsmotive, Bedürfnisse) über unterschiedliche Lebensstile

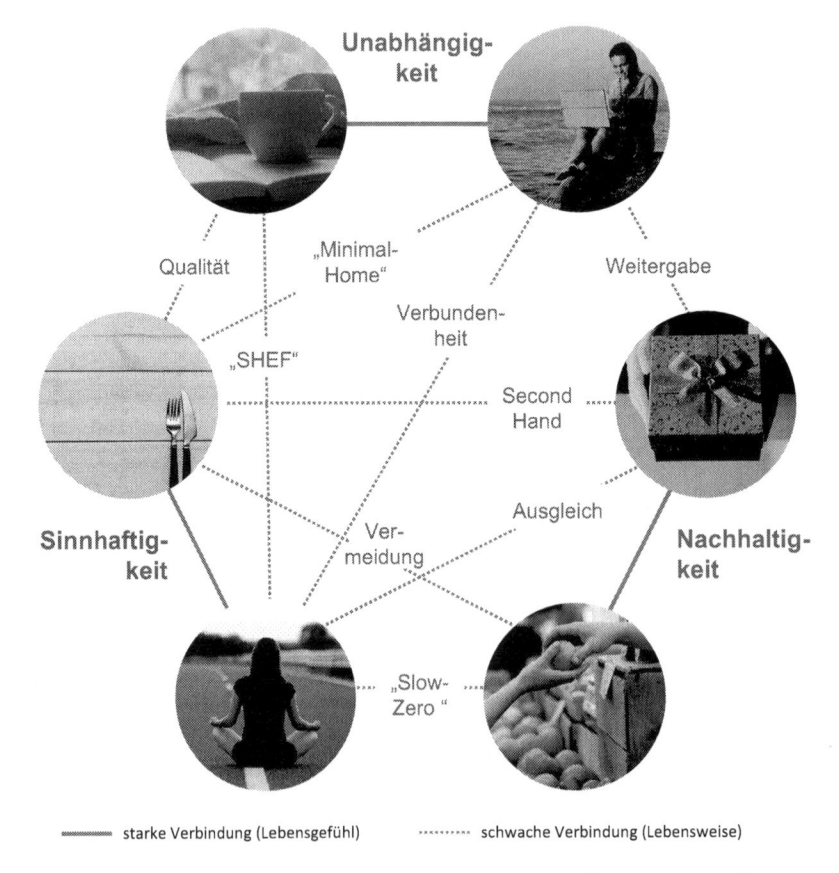

Abb. 8.8 Verbindende Elemente zwischen Lebensstilen im Überblick. (Quelle: eigene Darstellung unter Verwendung von Bildmaterial von Pexels.com)

ausdrücken lassen; wie beispielsweise das Konzept des Ausgleichens über den Slow-Living-Lebensstil (aus dem Lebensgefühl des Sinnstiftens heraus) oder über den Freecycling-Lebensstil (aus dem Lebensgefühl der Nachhaltigkeit heraus) äußerbar ist.

8.4 Auswirkung der Lebensstile auf Lebensbereiche

Unter dem Begriff Lebensbereich summiert sich sowohl das räumliche als auch das soziale **Umfeld** eines Menschen und beschreibt damit seine Aktivitätsfelder (Hagemann 1998). Grundlegend lassen sich diese Aktivitätsfelder in persönliche und öffentliche Lebensbereiche einteilen. Das persönliche Umfeld ist der nicht der Allgemeinheit zugängliche (vertraute, private) Lebensbereich einer Person, der sowohl allein (individuell) als auch mit einer abgegrenzten Gruppe (gemeinschaftlich) erlebbar ist. Er umfasst beispielsweise das familiäre Umfeld (z. B. Lebenspartner, Kinder) und Freizeitaktivitäten (z. B. Hobbys). Das öffentliche Umfeld bildet dagegen der gesellschaftliche bzw. berufliche Bereich, in dem (fremde) Personen in einem lockeren Kontext aufeinandertreffen, um beispielsweise miteinander zu arbeiten oder an einer Gemeinschaft (politisch, gesellschaftlich) teilzuhaben (z. B. als Mitglied eines Vereins).

Lebensstiletangieren diese **Lebensbereiche** unterschiedlich stark. Der jeweilige Lebensbereich (persönlich bzw. öffentlich) ist dann von einem Lebensstil stark betroffen, wenn er die beiden Teilbereiche (Freizeit und Familie bzw. Arbeit und Gesellschaft) maßgeblich berührt. Er ist leicht bzw. gar nicht betroffen, wenn der Lebensstil lediglich einen oder keinen der Bereiche tangiert. **Cocooner** ziehen sich gezielt ins Private zurückziehen, weswegen sich ihr Leben überwiegend in den eigenen vier Wänden abspielt und ihr Lebensstil ausgesprochen stark das persönliche Umfeld (Freizeit und Familie) berührt. Der öffentliche Bereich (Arbeit und Gesellschaft) ist – wenn überhaupt – vergleichsweise leicht (z. B. im Rahmen von Home-Office-Aktivitäten) betroffen. Im Gegensatz dazu ist der öffentliche Lebensbereich von **Neo-Nomaden** stark beeinflusst. Sie arbeiten – anders als die anderen untersuchten Lebensstile – zumeist ausschließlich digital vernetzt sowie (orts-/zeit-) ungebunden und nehmen aufgrund ihrer gelebten Unstetigkeit weniger planbar am gesellschaftlichen Leben teil, indem sie beispielsweise eher an Festivals als an (ortsgebundenen) Vereinen teilhaben. Ihr persönliches Umfeld ist aufgrund des fehlenden festen Wohnsitzes weniger intensiv ausgeprägt, da ihr (Privat-)Leben gewissermaßen „nebenher" auf Reisen stattfindet. Der Lebensstil des **Slow Livings** ist insbesondere im persönlichen Lebensbereich realisierbar, da die (Lebens-)Geschwindigkeit in diesem Bereich eher individuell steuerbar ist als im öffentlichen (Arbeits- und Gesellschafts-) Raum, wo nur bedingt Einflussmöglichkeiten des Einzelnen bestehen (z. B. als Entscheider im Unternehmen). **Freecycling** erzeugt auf persönlicher Ebene ein Gefühl der individuellen Entlastung, wenn materielle Dinge abgegeben oder (weiter) genutzt werden. In öffentlicher (insbesondere gesellschaftlicher) Hinsicht ist aufgrund des unspezifischen Verschenkens der Solidaritätsaspekt erkennbar. **Precycler** reduzieren ihren individuell verursachten (Verpackungs-)Müll auf ein Minimum, um auf persönlicher Ebene ihr Privatleben zu vereinfachen und um auf öffentlicher Ebene die (negativen) Auswirkungen ihres individuellen Tuns (z. B. Umweltbelastungen) auf die Gesellschaft zu reduzieren.

Wie (Abb. 8.9) zusammenfassend verdeutlicht, betreffen alle untersuchten Lebensstile den persönlichen Lebensbereich einer Person stark oder zumindest leicht, indem sowohl Freizeit- und/oder Familienleben davon betroffen sind. Dagegen hat ein Lebensstil nicht notwendigerweise Auswirkungen auf den

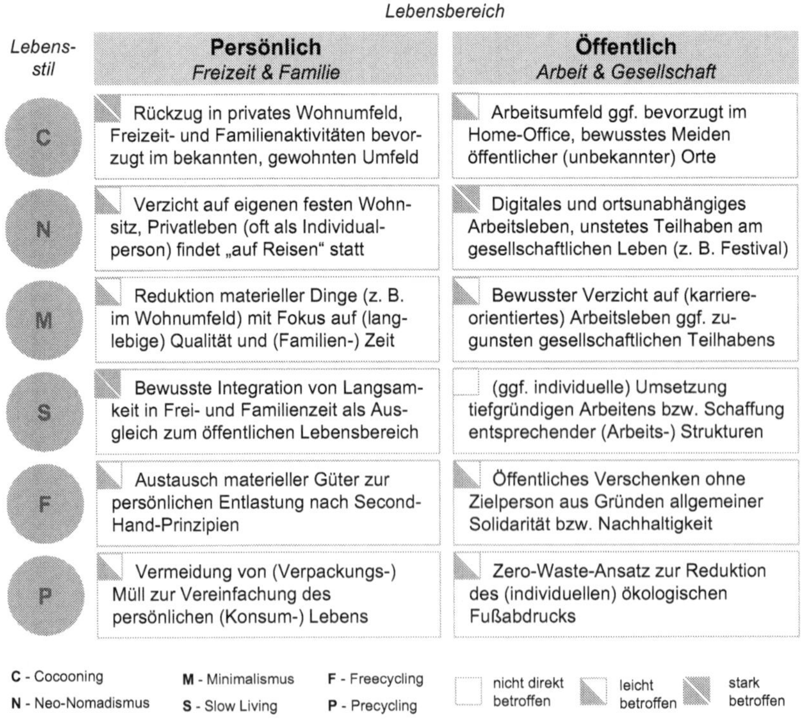

Lebens-stil	Lebensbereich	
	Persönlich *Freizeit & Familie*	**Öffentlich** *Arbeit & Gesellschaft*
C	Rückzug in privates Wohnumfeld, Freizeit- und Familienaktivitäten bevorzugt im bekannten, gewohnten Umfeld	Arbeitsumfeld ggf. bevorzugt im Home-Office, bewusstes Meiden öffentlicher (unbekannter) Orte
N	Verzicht auf eigenen festen Wohnsitz, Privatleben (oft als Individualperson) findet „auf Reisen" statt	Digitales und ortsunabhängiges Arbeitsleben, unstetes Teilhaben am gesellschaftlichen Leben (z. B. Festival)
M	Reduktion materieller Dinge (z. B. im Wohnumfeld) mit Fokus auf (langlebige) Qualität und (Familien-) Zeit	Bewusster Verzicht auf (karriereorientiertes) Arbeitsleben ggf. zugunsten gesellschaftlichen Teilhabens
S	Bewusste Integration von Langsamkeit in Frei- und Familienzeit als Ausgleich zum öffentlichen Lebensbereich	(ggf. individuelle) Umsetzung tiefgründigen Arbeitens bzw. Schaffung entsprechender (Arbeits-) Strukturen
F	Austausch materieller Güter zur persönlichen Entlastung nach Second-Hand-Prinzipien	Öffentliches Verschenken ohne Zielperson aus Gründen allgemeiner Solidarität bzw. Nachhaltigkeit
P	Vermeidung von (Verpackungs-) Müll zur Vereinfachung des persönlichen (Konsum-) Lebens	Zero-Waste-Ansatz zur Reduktion des (individuellen) ökologischen Fußabdrucks

C - Cocooning   M - Minimalismus   F - Freecycling
N - Neo-Nomadismus   S - Slow Living   P - Precycling

nicht direkt betroffen   leicht betroffen   stark betroffen

Abb. 8.9 Vom Lebensstil betroffene Lebensbereiche. (Quelle: eigene Darstellung)

8.4 Auswirkung der Lebensstile auf Lebensbereiche

Lebens-gefühl	Unabhängigkeit		Sinnhaftigkeit		Nachhaltigkeit	
	Cocooning	**Neo-Nomadismus**	**Minimalismus**	**Slow Living**	**Free-cycling**	**Pre-cycling**
	Rückzug ins Private	Reisendes Unternehmertum	Freiwillige (Konsum-)Reduktion	Langsamkeit im Alltag	Weitergabe materieller Güter	Vermeidung von Müll
Kerngedanke	**Rückzug**	**Rastlosigkeit**	**Reduktion**	**Ruhe**	**Re-Use**	**Restlosigkeit**
	selbstbestimmtes	(ort-/zeit-)multiples	bewusstes	entschleunigtes	kollaboratives	rückstandsloses

Konsumverhalten

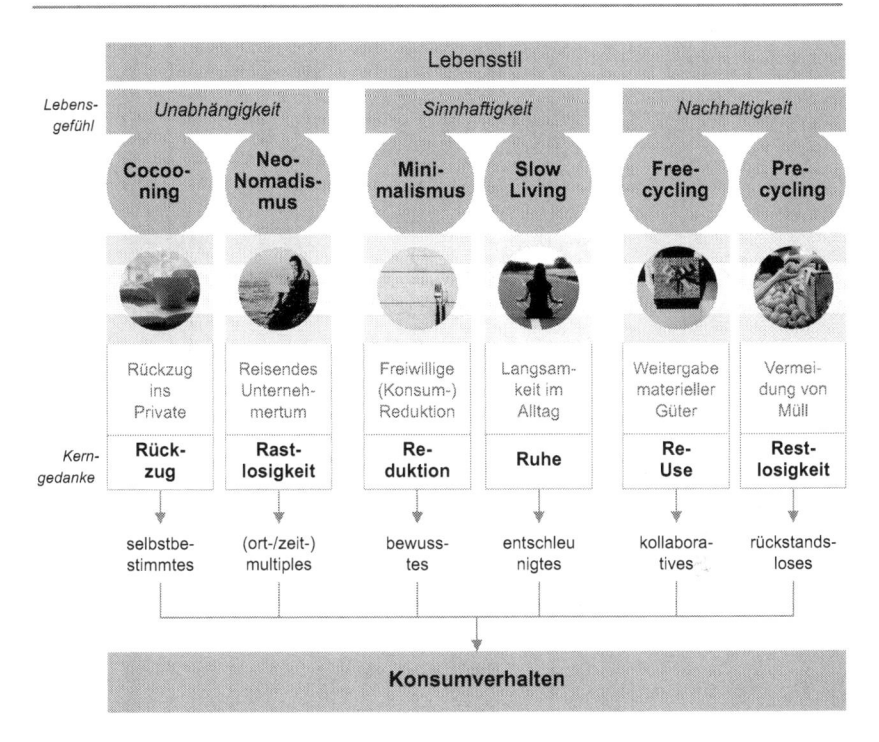

Abb. 8.10 Lebensstile – In a Nutshell. (Quelle: eigene Darstellung unter Verwendung von Bildmaterial von Pexels.com)

öffentlichen Lebensbereich eines Menschen, da nicht jeder Lebensstil direkt **Einfluss** auf das berufliche und gesellschaftliche Leben eines Menschen nimmt.

> **Essenz & Take-Home-Message**
> Die Zusammenführung der sechs Lebensstile zeigt, dass generische (z. B. Aktivierungs-, Mobilitäts- und Zeitorientierung) und spezifische (z. B. Technik-, Gesundheits- und Umweltorientierung) Orientierungsparameter dabei helfen, Lebensstile zu systematisieren. Aus spezifischen Parametern lassen sich stark verbindende Elemente identifizieren. Diese starken Verbindungen spiegeln das Grundprinzip von Lebensstilen als gemeinsames **Lebensgefühl** wider. Cocooning und Neo-Nomadismus basieren auf dem Lebensgefühl der Unabhängigkeit, Minimalismus und Slow Living stützen sich auf das Gefühl der Sinnhaftigkeit, und Freecycling und Precycling verbindet das Thema

Nachhaltigkeit. Neben diesen stark verbindenden Elementen (gleiche Lebensgefühle) existieren zudem schwach verbindende Elemente (ähnliche Lebensweisen) zwischen den Lebensstilen.

Die Untersuchung verdeutlicht ferner, dass Lebensstile sich auf das (Konsum-)Leben auswirken. Dennoch tangieren die untersuchten Lebensstile den persönlichen (z. B. Freizeit und Familie) und den öffentlichen (z. B. Arbeit und Gesellschaft) **Lebensbereich** einer Person unterschiedlich stark. Nicht zuletzt bestimmt der Kerngedanke jedes Lebensstils (vgl. Kap. 2 bis 7) den Fokus im Konsumverhalten der Cocooner, Neo-Nomaden, Minimalisten, Slow-Living-Anhänger, Freecycler und Precycler (Abb. 8.10). Cocooner leben einen selbstbestimmten Konsum, der in der gewohnten Umgebung der eigenen vier Wände stattfindet. Neo-Nomaden sind aufgrund ihrer (globalen) Mobilität auf Konsum ausgerichtet, der jederzeit und überall multipel funktionieren sollte. Im Gegensatz dazu konsumieren Minimalisten bewusst reduziert auf das Notwendigste, und Slow-Living-Anhänger agieren auch beim Einkaufen explizit entschleunigt. Für Freecycler ist der Ansatz des Teilens in Form des kollaborativen Konsums bedeutsam, und Precycler haben das Ziel, rückstandslos zu konsumieren.

Literatur

Hagemann, H. (1998). Umweltverhalten zwischen Arbeit, Einkommen und Lebensstil. Konsumentenverhalten im Spannungsfeld von subjektiven Orientierungsmustern und Arbeitszeit- und Einkommensveränderungen. *Schriftenreihe des IÖW, 131*, 98.

Müller, N., Rehder, T., & Sterken, G. von. (2010). *Das Zukunftslexikon der wichtigsten Trendbegriffe*. Hamburg: Trendone.

Osgood, C. E., Suci, G. J., & Tannenbaum, D. H. (1957). *The measurement of meaning*. Urbana: University of Illinois Press.

Additional: Lifestyle-Test 9

Nachdem in den vorangegangenen Kapiteln die (unkonventionellen) Lebensstile Cocooning, Neo-Nomadismus, Minimalismus, Slow Living, Freecycling und Precycling ausführlich vorgestellt und Gemeinsamkeiten diskutiert wurden, widmet sich das abschließende Kapitel einem Ansatz zur Identifikation dieser Lebensstile. Mit dem **Lifestyle-Quick-Check** (Abschn. 9.1) lässt sich ermitteln, welcher Lebensstil bzw. welches Lebensgefühl relevant für eine Person ist. Die individuelle Einschätzung der 36 gezielt formulierten Aussagen gibt Aufschluss darüber, welche Denk- und Verhaltensweisen der befragten Person wichtig sind. Auf diese Weise zeigt sich, inwiefern die in diesem Buch vorgestellten (Nischen-) Lebensstile bewusst oder unbewusst im Alltag einer Person umgesetzt werden und die grundlegenden Lebensgefühle Unabhängigkeit, Sinnhaftigkeit und Nachhaltigkeit einen Einfluss auf die Konsumentscheidungen ausüben. **Teil eins** des Quick-Checks (Fragen 1 bis 30) gibt Aufschluss über aktuelle Lebensweisen, die mit den Lebensstilen Cocooning, Neo-Nomadismus, Minimalismus, Slow Living, Freecycling und Precycling in Verbindung gebracht werden können. **Teil zwei** (Fragen 31 bis 36) zeigt Tendenzen in grundlegenden Lebensgefühlen.

Die **Anwendung** des Lifestyle-Quick-Checks ist in zweierlei Hinsicht denkbar. Einerseits ist er als Schnelltest auf individueller Ebene einsetzbar, um persönliche Tendenzen und die eigene Lebensweise zu reflektieren. Andererseits lässt er sich im unternehmerischen (Marketing-)Kontext als ein mögliches Instrument zur Identifikation einer (potenziellen) Zielgruppe anwenden. Dafür lässt sich der Quick-Check beispielsweise als (Kopier-)Vorlage nutzen und die Auswertung als erweiterbarer Analyseansatz verwenden. Die entsprechenden Vorlagen stehen auch als Download unter www.springer.com/de/book/9783658211097 zur Verfügung. Die (individuelle) Auswertung des Tests (Abschn. 9.2) ist grundsätzlich als Orientierung zu interpretieren, die ggf. einer tiefer gehenden Analyse bedarf.

© Springer Fachmedien Wiesbaden GmbH, ein Teil von Springer Nature 2018
K. Klug, *Vom Nischentrend zum Lebensstil*,
https://doi.org/10.1007/978-3-658-21110-3_9

9.1 Lebensstile im Quick-Check

Die Aussagen in Abb. 9.1 beschreiben Denk- und Verhaltensweisen in den verschiedensten Lebensbereichen. Welche dieser Aussagen stimmen mit Ihrer Lebensweise (eher) überein und welcher Aussage stimmen Sie (eher) nicht zu? Beantworten Sie sie Aussagen möglichst spontan, indem Sie die Antwort ankreuzen, die Ihnen zuerst in den Sinn kommt.

In Abb. 9.2 lesen Sie sechs Aussagen mit je zwei Ausprägungen. Welche der beiden Antwortmöglichkeiten trifft eher auf Sie zu?

#	Aussage	stimmt eher nicht	stimmt eher
1	Ich arbeite von Zeit zu Zeit als freier Mitarbeiter für (virtuelle) Projekte.	☐	☐
2	Ich meide laute und schnelle Veranstaltungen wie bspw. Konzerte, Festivals oder (Auto-)Rennen.	☐	☐
3	Ich bin digital sehr gut vernetzt.	☐	☐
4	Ich bin ortsungebunden.	☐	☐
5	Ich brauche insgesamt eher wenig Geld zum Leben.	☐	☐
6	Ich esse nicht gern Fast Food.	☐	☐
7	Ich führe ein einfaches Leben, ohne viele Besitztümer.	☐	☐
8	Ich habe (schon einmal) freiwillig meinen Besitz reduziert (z. B. ausgemistet, ohne Neues zu kaufen).	☐	☐
9	Ich habe meistens genügend Zeit für meine Aufgaben.	☐	☐
10	Ich kaufe bewusst unverpackte Produkte.	☐	☐
11	Ich kaufe regelmäßig auf Wochenmärkten und in Hofläden ein.	☐	☐
12	Ich lasse kaputte Produkte (z. B. Kleidung, Elektrogeräte) reparieren oder repariere sie selbst.	☐	☐
13	Ich lege Wert auf ein entschleunigtes Leben.	☐	☐
14	Ich mache es mir gern gemütlich.	☐	☐
15	Ich mag es, Reisen und Arbeiten zu verbinden.	☐	☐
16	Ich meide große Menschenmengen, wenn es möglich ist.	☐	☐
17	Ich muss meine Ziele nicht unbedingt schnell erreichen.	☐	☐
18	Ich nutze gebrauchte Dinge, die ich von anderen Menschen bekomme.	☐	☐
19	Ich nutze Produkte so lange, bis sie unbrauchbar (z. B. kaputt, nicht mehr reparabel) sind.	☐	☐
20	Ich nutze Sharing-Angebote (z. B. Car-/Bike-/Kleider-/Werkzeug-Sharing etc).	☐	☐
21	Ich produziere vergleichsweise wenig (Verpackungs-)Müll.	☐	☐
22	Ich recycle bzw. upcycle Produkte.	☐	☐
23	Ich reduziere manchmal meine (beruflichen) Aufgaben/Projekte (Arbeitszeit), um mehr freie Zeit zur Verfügung zu haben.	☐	☐
24	Ich umgebe mich gern mit Bekanntem und Vertrautem.	☐	☐
25	Ich verschenke regelmäßig Dinge, die ich nicht mehr nutze/brauche (z. B. Kleidung, Bücher, Möbel, Elektrogeräte).	☐	☐
26	Ich verwende Produktverpackungen (mehrfach) weiter.	☐	☐
27	Ich verzichte auf überflüssigen (Verpackungs-)Müll.	☐	☐
28	Ich wechsle regelmäßig meinen Wohn-/Arbeitsort.	☐	☐
29	Ich ziehe mich gern mal ins Private zurück.	☐	☐
30	In meinen eigenen vier Wänden fühle ich mich am wohlsten.	☐	☐

Abb. 9.1 Quick-Check Lebensstile – Teil 1. (Quelle: eigene Darstellung)

	entweder	oder
31 Ich handle eher ...	analog	digital
32 Ich konsumiere (kaufe/shoppe) eher ...	häufig	selten
33 Ich bin lieber ...	für mich allein	mit anderen Menschen zusammen
34 Umweltschutz ist mir eher ...	wichtig	weniger wichtig
35 Mein Alltag ist eher ...	ausgeglichen	stressig
36 Ich mag es eher ...	Bestehendes zu nutzen	Neues zu erschaffen

Abb. 9.2 Quick-Check Lebensstile – Teil 2. (Quelle: eigene Darstellung)

9.2 Auswertung: Decodierung des Quick-Checks

Der Quick-Check lässt sich mithilfe der folgenden Antwortschemata dechiffrieren. Weiße Felder in Abb. 9.3 zeigen, welche Frage welchem Lebensstil zuzuordnen ist. Beispielsweise verbergen sich hinter den Fragen 14, 16, 24, 29 und 30 typische Denk- und Verhaltensweisen von Cocoonern. Zustimmende Antworten im Fragebogen (Abb. 9.1) zeigen eine Offenheit gegenüber dem entsprechenden Lebensstil.

Kreuzen Sie diejenigen weißen Felder an, auf deren Frage Sie zustimmend geantwortet haben. Ablehnende Antworten bleiben im Antwortschema außer Acht. Anschließend lassen sich die angekreuzten weißen Felder (als Teilsummen für die Fragen 1 bis 15 bzw. für die Fragen 16 bis 30) zusammenzählen und eine Gesamtsumme der Zustimmungen pro Lebensstil bilden.

Die weißen Felder im oberen Teil von Abb. 9.4 zeigen, welche Frage welcher Grundorientierung zuzuordnen ist. Der untere Teil von Abb. 9.4 gibt wieder, welche grundlegenden Lebensgefühlen (Unabhängigkeit, Sinnhaftigkeit und Nachhaltigkeit) relevant sind. Die Kombination der jeweiligen (fett hervorgehobenen) Antwortausprägungen deutet das entsprechende Lebensgefühl an. Beispielsweise ist das Streben nach Unabhängigkeit auf eine Kombination aus digitaler Technikorientierung, häufigem Konsum und dem Fokus auf Neues zurückzuführen.

Notieren Sie in den weißen Feldern der oberen Tabelle Ihre jeweiligen Antworten auf die Fragen 31 bis 36. Mithilfe der unteren Tabelle lässt sich anschließend ermitteln, wie klar bzw. diffus die einzelnen Lebensgefühle bei Ihnen ausgeprägt sind. Sind Sie beispielsweise eher digital orientiert, konsumieren vergleichsweise häufig und legen Ihren Fokus auf Neues, spricht dies für ein starkes Unabhängigkeitsstreben.

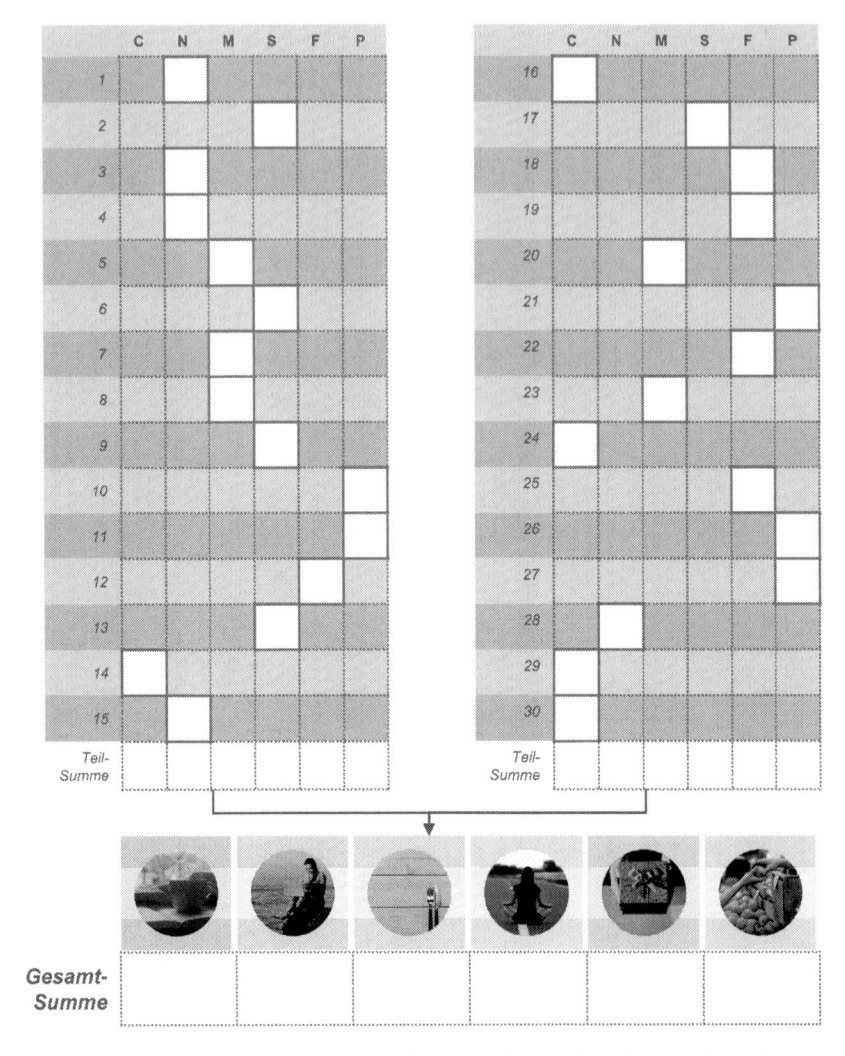

Abb. 9.3 Auswertungsschema Quick-Check Lebensstile – Teil 1. (Quelle: eigene Darstellung unter Verwendung von Bildmaterial aus Pexels.com)

9.2 Auswertung: Decodierung des Quick-Checks

	Technik-orientierung	Konsum-orientierung	Sozial-orientierung	Umwelt-orientierung	Gesundheits-orientierung	Bestands-orientierung
31	☐					
32		☐				
33			☐			
34			☐			
35					☐	
36						☐

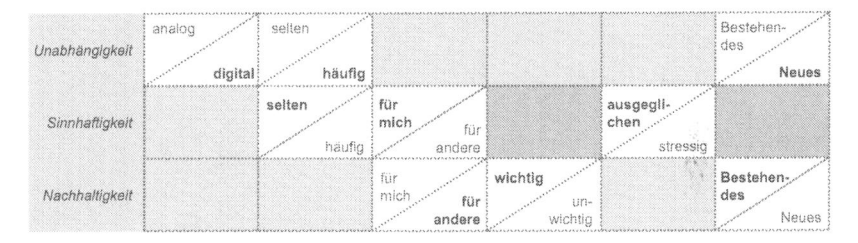

Unabhängigkeit	analog / digital	selten / häufig				Bestehendes / Neues
Sinnhaftigkeit		selten / häufig	für mich / für andere		ausgeglichen / stressig	
Nachhaltigkeit			für mich / für andere	wichtig / unwichtig		Bestehendes / Neues

Abb. 9.4 Auswertungsschema Quick-Check Lebensstile – Teil 2

Führt man die Auswertung des Quick-Checks aus Teil 1 und Teil 2 zusammen, ist ablesbar, inwieweit relevante Lebensstile und individuelle Lebensgefühle einer Person miteinander korrespondieren oder voneinander abweichen (Abb. 9.5). So entspringen beispielsweise die Denk- und Verhaltensweisen des Cocoonings und des Neo-Nomadismus dem Lebensgefühl der Unabhängigkeit (Abb. 8.10).

Kreuzen Sie in Abb. 9.5 jenen Lebensstil an, dessen Denk- und Verhaltensweisen Sie am ehesten zustimmen (Abb. 9.3). Kreuzen Sie dasjenige Lebensgefühl an, das bei Ihnen am stärksten ausgeprägt ist (Abb. 9.4). Je eher sich all Ihre Markierungen innerhalb eines der drei Kästen befinden, umso klarer zeigt sich ein bestimmter Lebensstil in Ihrer derzeitigen Lebensweise. Je verstreuter Ihre Markierungen sich darstellen, umso eher können Sie verschiedenen Denk- und Verhaltensweisen sowie Lebensgefühlen interessante Aspekte für Ihren Alltag abgewinnen.

Cocoo-ning	Neo-Nomadis-mus	Minimalis-mus	Slow Living	Free-cycling	Pre-cycling

Relevanter Lebensstil						
Starkes Lebensgefühl						

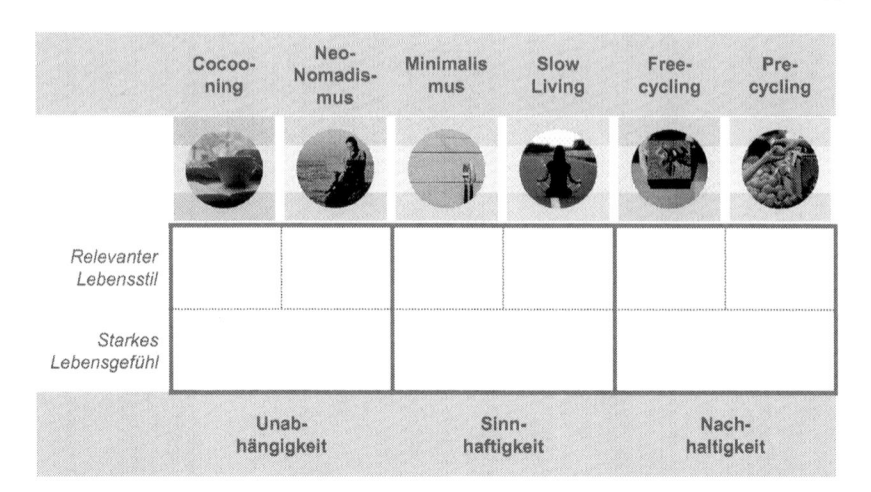

Unabhängigkeit	Sinnhaftigkeit	Nachhaltigkeit

Abb. 9.5 Auswertungsschema Quick-Check Lebensstile – Gesamtüberblick. (Quelle: eigene Darstellung unter Verwendung von Bildmaterial von Pexels.com)

Printed in Poland
by Amazon Fulfillment
Poland Sp. z o.o., Wrocław